U0011550

賴教授伉儷

米壽合照

承指導教師

陳炯崧教授（右）

川田信一郎教授（中央）

顧元亮院長（左二）

與歷屆研究生和教師合影

出席亞洲作物科學研討會

在日本福井大學報告水稻研究論文

訪問日本米質最優「越光米」故鄉福井農試場（日本福井縣）

日本東京大學

重返母校安田講堂前

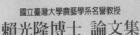

賴光隆博士論文集（上、下）

闔家康泰平安

參加孫子美國史丹福大學畢業典禮

在美國 Denver 市與兒、女、婿、孫歡聚

關愛我們的親人

給我們無私慈愛的阿姑、姑丈（左二、右二）

阿姑從休士頓回臺探親（四嬸婆右一、阿姑右二、媽媽左三、美智堂妹左一）

老同學重會

臺中一中同學遊日月潭（右三林雲大師）

臺糖第八屆農務實習員重遊尖山埤水庫

在田埂上思考的博士

一賴教授の農學人生一

臺大名譽教授 賴光隆 著

緬懷

先父母

養育大恩

四兒

目

錄

第九章

醉月湖畔的與子偕老 *181*

第十章

研究論文及著作 *195*

推薦序一
一生為農藝志業努力的貢獻

◆

　　國立臺灣大學農藝學系名譽教授賴光隆博士近著「在田埂上思考的博士」一書，經誦讀後，甚覺書題實至名歸，最符合賴老師一生為農藝志業努力的貢獻，特別是整篇著作結構，思路清晰，敘述內容鉅細靡遺，在教學研究及系務的推動，不遺餘力，無疑開創今日臺灣大學農藝系的發展與進步機運。

　　縱觀賴老師在農學人生，在農學研究所留下的寶貴成就，可說是著作等身，堪稱為近代的農學泰斗，為我們後輩效法的典範，甚值推薦給對我國農業科技及農業生產問題有關心的人士分享。

　　最值得敬佩的是，老師曾在臺大農藝系畢業後，從事在臺灣大學農學院附設農業試驗場，及國營事業臺灣糖業公司甘蔗試驗等基層工作六年後，

攜家帶眷，負笈東瀛，苦讀農學，終於榮獲有名的日本東京大學農學博士，返母系作育人才。如今，老師的第二、三代及女婿、媳婦，亦均有很好的成就，實要歸功於老師的睿智教育及師母殷勤輔助的成果。

祈願賴老師身心康泰，並祝　師母幸福平安！

國立臺灣大學農藝學系名譽教授
農學博士　蔡養正 敬撰
2020年初夏

推薦序二

亦師 亦父 亦友

◆

　　首次見到岳父，是大二時一場醫學院的系列參訪活動，地點在臺大農藝系館的細胞培養實驗室。時任系主任的賴教授，不急不徐、精簡扼要的為簇擁在實驗桌前的我們介紹當時最先進的細胞培養技術。四十年前一桌之隔的近身學習，大師風采歷歷在目。沒想到，當時的如沐春風，竟在多年後成為我的生活日常：無論是學術領域、專業知識、社會經驗、人際關係、生活點滴……，經由他娓娓道來，正如細讀本書，總能讓我在不知不覺中自然受教。

　　臺灣是全球重要的農業先進大國，歷年來輸出的農業技術，獨步全球。自1959年起，臺灣農耕隊、農技團、技術團先後援助東南亞、非洲、中東、中南美二十餘個國家，所傳承的「臺灣經驗」，其實就是無數學者畢生鑽研、改良與研究的成果。岳

父的一生，除了不斷研究如何改良臺灣稻米，更作育無數英才，廣布在農業領域，協力守護他鍾愛的臺灣。除了專業領域成就斐然，更令人欽佩的，是他誠摯待人、處事明快、才德兼備的處世哲學；我有幸成為家族一員，更能體驗他溫暖的一面。不論教學、研究如何繁忙，他不僅親力親為參與家事，兒孫輩的成長過程，更是從不缺席；晚輩碰到困難時，總能感受到他如朋友般的關懷及陪伴。

　　翻閱此書，頓然領悟，原來：「凡走過必留下痕跡」──艱困的時代背景、扎實的基層實作經驗、遠赴東瀛接受漫長而嚴格的學術研究訓練，用心踏穩的每一步，都是成就了他對臺灣農業上的貢獻以及人格典範不可或缺的，也給後進留下最有價值的啟示。開卷有益，很適合形容這本自傳，閱讀此書，不但可一窺學者一生的生活點滴；時勢造英雄，在體會先行者如何走過那似曾相識的戰亂時代時，更能珍惜當下。誠摯地推薦給大家！

　　　　大林慈濟醫院國際膝關節健康促進中心主任
　　　　呂紹睿

第一章

東勢賴家

「積舊成新遵守祕書庭訓，善因證果流傳穎水家聲。」我的家族到十八世祖時生活已經比較穩定，賴姓家族裡的每戶人家，家中都會備有許多書籍和唱片，因此我也比同儕更早有接觸藝文的機會……

鎮膺三世的賴家先祖

民國20年（1931年），我在東勢鎮（今臺中市東勢區粵寧里）出生。父親諱文彬，母親諱郭戊，共生養了七個男生、三個女生，我排行兄弟第四。

◉ 落腳東勢鎮

東勢原名叫做東勢角，在清朝時有許多廣東的客家移民來到這個山城拓墾定居。我們賴家的祖先十四世祖賴氏宗華公，也在那個時候從廣東惠州府搭乘一艘小船渡海來臺，據傳在苗栗通霄附近登岸後，經大湖卓蘭，再渡過大安溪，在東勢角也就是在現在的東勢區粵寧里附近落腳。開始運用隨身帶來的一些儲蓄，篳路藍縷地從事荒地拓墾。當時大約是清道光年間。

◉ 墾荒有成

賴家於十七世祖曾祖父松榮公時，墾荒漸有成，並曾出任地方首長，而我阿公的小弟，雲清公，畢業於臺北國語學校，也曾經在日治時代擔任過東勢街長。所以包括我曾祖父、叔公以及父親，賴家三代都曾是地方上的首長，印象深刻的是，家裡還掛有鄉親贈送給先父的「鎮膺三世」匾額。

父親：賴文彬先生

　　在我阿公那個時候，唸書就是準備考科舉。到了我父親那個年代，已經改由日本人統治臺灣，當時臺北有一個比較高的學府稱作「臺灣總督府國語學校」，臺北國語學校分為師範部和國語部，師範部培養老師，國語部則是培養商業方面的人才。父親自東勢公學校畢業後，考入臺北國語學校國語部，和吳三連先生是同班同學，大朱昭陽先生兩屆。

　　父親過世時，吳三連先生寄送奠儀來，我們才曉得有這樣的一個關係。國語學校畢業後，父親就開始在彰化銀行東勢分行上班，大概在三十歲左右的時候，母親生下我。

● 動靜皆宜的興趣

　　父親，興趣相當高雅，即使住在鄉下，我們家

也有一套貝多芬英雄交響曲、田園交響曲以及第九
交響曲，我從小比較有接觸這些音樂的機會，就是
受父親的影響。除了聽音樂，他也養蘭以怡情養
性。

　　父親興趣十分廣泛，對弓道頗為著迷。日本式
的弓箭長長的，而且是竹製的，不像現在是鋼製
的。射箭的時候，還得穿弓道衣服。另外他也喜歡
打獵，那個時候他就已經養獵狗。我是不曾跟著去
打獵，不過聽我哥哥講，父親打獵會帶狗，先叫牠
停下來準備。那個時候東勢鄉下有很多雉鳥，尾巴
長長的，雉鳥受驚擾後會先向上飛，再往下衝飛，
我父親一看牠飛上來準備衝飛時，就開槍射擊，等
牠掉到草堆裡面，獵狗就會撲上去將雉鳥咬出來。

　　父親也是軟式網球的好手，參加鎮上比賽常常
榮獲冠軍；他贈給東勢國民小學的「文彬盃」，是
大家在比賽時努力爭取的榮譽。就是這樣子，他是
做什麼像什麼是多才多藝的人。

◉ 情勢逼人的輾轉生涯

父親在日治時代曾在高雄工作一段時間，我上幼稚園的時候才搬回東勢，回來後他沒有繼續在彰化銀行服務，而是接受東勢街信用組合的邀請，在組合裡擔任常務理事，也就是現在的農會總幹事。光復後，我父親受指派為第一任官派東勢鎮長，接著又擔任第二任的民選鎮長。

後來因為二二八事件，就把這鎮長的職務辭掉。二二八事件非常複雜，地方上有些人趁機騷擾，晚上的時候更加危險，我父親因身為鎮長，得負責地方上的治安，一旦地方發生事情，即使是晚上，也得冒險前去調解，家人因此很擔心他的安危。

二二八事件過後一陣子，父親就決定離開政治，在第二任鎮長職務還未結束時就辭職。辭職之後，彰化銀行聘請他擔任中壢分行的經理。父親後來一直在彰化銀行服務，直到退休。

母親是位真正的農民

　　我的母親出生於現在的臺中石岡區附近九房厝劉家，從小被郭家收養。郭家位在大甲溪對面的社寮角（今臺中市石岡區梅子里），有一些田地，生養了兩位男孩，也就是我舅舅，從不下田，據說種田的工作都由我母親負責。

　　母親要嫁過來賴家以前，從未和父親謀面，以前的習俗大概都是這樣。母親除了農事外，也很會做傳統的臺式糕點，像是米苔目之類的。據說當時賴家正在從事農墾工作，雇用很多工人，每天都得煮點心，作為賴家的媳婦，沒有製作點心的能力是不行的，母親在這方面可以說是非常稱職。

◉ 在大地上寫詩

　　母親嫁到賴家後，賴家當然不用她下田工作，

但她真的喜歡做農，聽說她在出嫁之前向賴家提出了一個條件——得買下一塊山地讓她經營，賴家答應了。因此，我們小時候常常跟隨母親去山上種花生，採水果。雖然她的夫婿是銀行職員，生活優渥，不需要她下田工作，但她就是改不了本性。所以我的父母親大概是一對很奇怪的組合吧，一位畢業自當時最高學府，而且成為社會白領階級的仕紳，一位卻是喜歡下田的農婦。

● 人到貨到，不能兩手空空

在我記憶裡面，讀小學以後也常常去山上幫忙，不用上學的星期日，母親會帶我們去採一些李子、落花生，要回家的時候，也叫我們從山上拿一些竹竿回家使用，她常說：人到貨到，不能兩手空空。這大概也是她為人處世的哲學之一吧！

據說有一次，母親因為聽人家說鳳梨的價格很好，就以高價向別人買鳳梨苗到山上種。鳳梨是要把冠部拿來做繁殖用，將冠部種到田裡，才會長大並開花結果。那年她種的鳳梨很成功，收成很好，

但卻遇上鳳梨價格慘跌，農夫們被迫挑著鳳梨到處
兜售，母親也不例外。聽說那個時候她肚子裡正懷
著我，準備生育，所以後來我念農，也許和這個原
因有關。這個故事是長輩們講的，不過母親的確是
這樣的人，一位真正的農民。

書香傳家

　　賴家到十八世祖時，生活已經比較穩定。至十九世時，父親、叔父、堂叔等長輩，經過接受現代教育，成為薪水階級、醫師，甚至參與發展地方交通事業（如豐原客運）等，漸漸脫離完全仰賴田產出租的生活。

　　賴姓家族裡的每戶人家，家中都會備有許多書籍和唱片，因此我也比同儕更早有接觸藝文的機會。

● 藝文的薰陶

　　記得小學四、五年級時，家裡的書看不夠，還經常到伯父和叔父家拿書櫃裡的書看，可能長輩們見我從小溫和又聽話，也就不會加以限制。《西遊記》、《三國誌》等畫刊，都是我喜歡的。

　　到了中學，更像海綿一樣閱讀大量的日本文學作品，不論是芥川龍之介全集，或是奠定日本新體詩的島崎藤村詩集等，都在蠢動不安的年少血液裡，注入新生命、對社會獨立思考的養分，或許也默默導引我，日後走上研究生命科學的農藝之路也說不定。

第二章

正是男兒讀書時

考上臺中一中後，每天早上四點就得起床，四點半跟堂哥一起從東勢家中出發，走路四十分鐘渡過東勢大橋到土牛，搭八仙山林場的五分車到豐原，接著轉乘縱貫線火車到臺中，再跑步三十分鐘到學校，剛好早上七點半到達學校臺中一中……

無憂無慮的童年

　　六歲時，父親轉到彰化銀行的高雄分行服務，我跟著到高雄，並開始念幼稚園。兩年後他又回東勢，那個時候要八歲才能就讀小學，於是我又念了一年幼稚園後，才正式入學東勢國民學校。

◉ 來吧！我不怕你！

　　在小學時，我個子不高但是肌肉結實，動作敏捷。常常代表班上參加賽跑和日本式相撲比賽，有次還運用招式以及速度，摔倒了一位身材魁武的選手。至於賽跑更是常勝軍，除了獎狀，家中總擺了一大堆的獎品——作業簿，這是我最喜歡的，可以拿來寫作業或讀書用。

◉什麼！抓魚也有老師

　　小時候我的功課很好，也常擔任副班長或班長，但我喜歡和一群不愛念書的同學們去溪邊玩，我常笑說他們是我抓魚、摸蝦的老師。那是一段想起來嘴角都會不禁上揚的童年時光，而這些兒時玩伴，至今仍是我回到家鄉時，會從親戚口中得知，偶爾會來老家探問「你哥哥什麼時候回東勢？」的老朋友……

臺中一中的少年

　　民國33年（1944年），我考上「臺中第一中學」（原臺中州立第一中學）。民國34年（1945年）8月15日第二次世界大戰結束，臺灣光復。也就是說，我的中學生涯是始於日治時代，就讀中途臺灣光復，在國民政府的時候畢業──原省立臺中一中高中部。

◉ 披星載月上學去

　　進入臺中一中，也開始了我的通學日子，與時間賽跑的過程十分艱辛。

　　每天早上四點就得起床，四點半跟堂哥（他大我兩歲，就讀原臺中農校）一起從東勢家中出發，走路四十分鐘，渡過東勢大橋到土牛，搭八仙山林場的五分車到豐原，接著轉乘縱貫線火車到臺中，

再跑步三十分鐘到學校，剛好早上七點半到達學校臺中一中，準時參加早會。而晚上回到家往往已經八點了。吃飯、梳洗、作功課，隔天一早，四點又得起床。

從月明星稀到月明星稀，小小年紀的我雖不喊苦，然而體力終難以負荷，於是父母為我安排在臺中市租了房子，這樣總算比較輕鬆了些。

◉ 嚴格的管教

臺中一中是由中部士紳林烈堂、林獻堂等人捐地捐資創立的，歷史特殊。臺中還有另一所中學——臺中二中，學生幾乎都是日本人的小孩，臺中一中則多數是臺灣人的子弟就讀。日治時臺中一中招收學生的名額限制很嚴格，一年級只有三班——忠班、義班、仁班，每班五十人，共一百五十個人。學區範圍包括現在的苗栗縣、臺中縣、臺中市、彰化縣以及南投縣，因為學區廣大，每個鄉、鎮，或每個國民學校，每年大概都只有一個或二個畢業生可以考上一中，學生都是這五個縣市最優秀

的學生。

　　我對臺中一中的印象是日本教師和學長都相當嚴格，而且體罰也很厲害。如果在學校四處亂跑，不是受老師責備，就是被學長們斥責，上級生管下級生非常嚴格。學校的讀書風氣很盛，我們都會隨身帶著一本小簿子，把英文單字抄在上面，利用休息時間多背一些。一年級時所有的課都還維持正常，除了軍訓課以外，其他英文、物理，包括公民（也就是「修身」），全部都照課表上課。

◉ 戰時的勞動服務

　　升二年級以後，一直到第二次世界大戰結束之前，學校幾乎沒有辦法上課，一方面是美軍的空襲很頻繁，另方面為了配合日本軍部需要，學生被規定要開始參加所謂的「勞動服務」（奉仕作業）。不是今天去哪個地方搬木材，就是明天到哪個地方造築防空洞。直到大戰結束前兩天，我們二年級的學生還被指派要去開墾山地種菜，帶著鋤頭從二水站出發，搭乘集集線火車前往水里坑（今南投縣水

里鄉）開墾山地，幫忙生產。至於高年級的學長，則是以「學徒兵」的名義，被徵調到更遠的地方從事防禦工事的修造或軍事防禦。

◉ 未來，茫然

　　民國34年（1945年）8月15日那天，日本向盟軍投降了，本來我們是要進去山裡面從事開墾，突然間老師們開了個會後，隨即叫學生們趕快回去臺中一中。回到學校後，大家呆坐在辦公室前走廊，老師也不出來，我們也不曉得發生什麼事。但是有一些消息比較靈通，家又住臺中市的學生悄悄地耳語：「日本戰敗了。」那時大家才知道原來是這麼一回事。

　　日本宣布投降後，被徵調到其他地方勞動的高年級學長才陸續回來。學校將學生解散，要大家回家等候消息。在學校所受的日本教育，都受軍國主義的影響，但光復那天，日本敗戰消息傳出來，心裡倒也沒什麼特別的感受，只是對於以後的路要怎樣走，竟覺得有些茫茫然……

槍聲，讀書聲，聲聲震青春

◉ 直升臺中一中高中部

　　光復後，學制從日式的一貫中學教育，改為初中部和高中部，所以我們在光復後，得從初中二年級唸起，到初三結束後，再考高中。因為我成績比較好，依規定全學年十名內可以免試直升本校高中，所以就繼續在臺中一中念高中部。

◉ 多種語言的學習環境

　　我們改以中文上課。剛開始的時候因為沒有從大陸來的中文老師，只好由一些教漢文的先生權充，記得其中一位姓許，這人後來擔任臺中一中的訓導主任，另一位姓呂。

　　這兩位老師都是鹿港人，我不曉得為什麼請鹿

港人來教，也許鹿港從前文風鼎盛，有一些教授漢文的先生。印象裡呂老師所用的課本很簡單，用閩南話教學，我是客家人，但也跟著大家一起學閩南話。

不久之後，學校裡就開始有大陸來的國語老師，在他們的教導下，我們的中文進步得很快。我們那班是由一位丁姓女老師教授，她個兒小而精明，據說是中央大學畢業的。她每教完一課，就指定我們上臺講給大家聽聽，而且一定要用國語，在她的逼迫下，差不多初二的時候，大家就可以使用國語互相交談。

當時臺中一中校長金樹榮先生，也是來自大陸，好像是福州人，我記得教務主任、總務主任都和他講類似口音的話。

我家人都以客家話溝通，日治時期在公共場合交際應酬，都講日語，臺中一中的學生客家人不多，大部分人都講閩南語和國語，有的人則是一半日語一半臺灣話混雜起來用。因為交談的機會很多，我也很快就適應各種語言。

◉ 令人提心吊膽的時局

光復以後幾年間,臺灣社會狀況很不穩定,民國36年發生的二二八事件,出事地點雖然是在臺北,但情況很快地就擴散到臺中。因為從臺中火車站到臺中一中之前,會先經過日本時代的第八部隊練兵場,旁邊有一個公民館,當時這地方不曉得發生什麼事,經常可以聽到槍炮聲,令我們經過時總是提心吊膽。

而本來懵懵無知,血氣方剛的青春少年,似乎也不得不與時代面對、碰撞、融合⋯⋯

臺大農藝系的啟迪

● 沒有特別選擇的選擇

　　民國39年，臺中一中畢業後，緊接著就是參加大學入學考。當時各大專院校都是單獨招生，學生得就每個學校分別報名考試。我選了國立臺灣師範大學和國立臺灣大學兩所學校，但是對學校各種科系的內容不太清楚，只知道師大教育系是從事教育工作，就選填教育系做志願。師大考完之後接著考臺大，因為家裡也不曾特別要求就讀什麼科系，我就填了醫學系做第一志願，第二志願為農藝系。

　　因為從鄉下北上考試，在北部沒有親戚，只好借住在一位學長那裏。考師大的時候我非常用心，自己也覺得考得還不錯。考臺大的時候卻身體不適，結果師大教育系是正取，臺大則是選讀農藝系，即使大二時很多同學轉出農藝系，我還是堅持

到畢業，連日後的事業也都在這方面求發展。

◉ 住進臺大第十宿舍

那時候，臺灣大學剛從日方手中接收過來不久，經過戰亂，百廢待舉。加上當時的學生主要是來自大陸的學生，和從日本回來的臺灣留學生，學生生活不安定，又大陸和日本的學制有所不同，必須調整，學校狀況也不是很穩定。

直到傅斯年校長之後，才開始著手整頓學校的教育環境，並建立制度。他認為學校學生不能穩定下來念書，對學業影響很大，所以極力爭取蓋學生宿舍，解決學生住宿的問題。

我被分配的第十宿舍的地點就在現在舟山路旁的生命科學館。這地方原來是臺灣省農業試驗所，後來農業試驗所搬到臺中霧峰，除了給臺大蓋宿舍的部分外，剩下的大部分土地交給目前的臺灣科技大學。傅校長在這個地方蓋了很多學生宿舍（第九、第十宿舍）。

開學典禮以後，宿舍才陸續完成。我也成了第

一批住進第十宿舍的學生。

10月時，因為校本部沒有禮堂，所以就利用徐州路法學院的禮堂舉辦開學典禮。到了12月，傅校長因腦中風而不幸仙逝。後來學校決定在校門旁蓋一座紀念他的墓園——傅園。

傅校長過世後，由教務長錢思亮先生暫代，之後才被正式任命為校長。

順便介紹一下當年我們的宿舍生活。那個時候的伙食不像現在由外商承包，而是學生自己組成伙食委員會管理，伙食委員會每十五天輪值一次，如果被選出來擔任委員的話，除了要負責採購工作外，還要輪流擔任監廚，也就是在廚房裡擔任監督的工作。為什麼得這樣做呢？因為那時候大家經濟上都不寬裕，即使一點點錢都要用的很妥當，所以會有這樣的制度出現。

我們早上吃的是饅頭、稀飯，中餐和晚餐才是乾飯，一個月下來伙食費很節省。每個宿舍都是由選舉產生的伙食委員會來負責安排三餐的事。

◉ 白色恐怖瀰漫校園

　　我進臺大時，臺灣正瀰漫在二二八後的白色恐怖中，只要是經歷過那段時間的人，都能深刻感受到肅殺的氣氛，大家都盡量潔身自保，不要講太多話，也不要聽太多話。在我印象裏面，比如說有些原來不曾見過面的學生，突然間就加入班上成為同學；有一些同班同學一整年都未曾謀面，直到二年級才出現，我們私下可以猜測出，這些同學都是被政治問題連累的學生，但他們不講，我們也不會過問。也有老師的小孩被懷疑牽涉到案件，設法排解以後，立刻送子女到國外留學，諸如此類的案件時有所聞。

　　我的好友廖博士，就讀臺大期間也曾遇到麻煩，幸好後來沒事。我留學東京大學的時候，他也在同時間一起進入東大，我們同時間取得博士學位並回臺服務。

　　他在水產養殖方面，發揮在東京大學專攻的學識，發展我國的魚蝦類養殖問題，貢獻至大。

◉ 光復初期的臺大農藝系和教授們

我進入臺大農藝系就讀的時候，當時繼承臺北帝大理農學部農學‧熱帶農學第三以及第四講座的臺大農藝系，已經發展成有四個研究室的規模。包含繼承作物學講座的「作物學研究室」，由磯永吉教授的高徒—— 陳炯崧教授主持；原有育種學講座改為「育種學研究室」，由湯文通教授主持。「特用作物學研究室」，則由出身南京金陵大學，後赴美國康乃爾大學進修的顧元亮教授主持；以及新設「生物統計研究室」，則由人稱我國生物統計學之父的汪厥明教授主持。

農藝系這四個研究室維持很久，後來因為種子學十分重要，又增加一個「種子研究室」，現在一直維持這五個研究室。

至於農藝系的教授，作物方面有本省籍的陳炯崧教授，他教授稻作、小麥等作物栽培，當時系上本省籍教授只有他一位。我的學士論文實驗——「甘藷育苗之研究（圃苗與種藷苗之比較）」就是由陳教授擔任指導的。

　　外省籍教授則有湯文通教授，負責水稻育種學；顧元亮教授專攻特用作物栽培，像是麻類、棉花等纖維作物之類；還有一位是王啟柱教授，他專攻蔗作學；生物統計學則是由汪厥明教授負責。趙連芳先生，他是威斯康辛大學哲學博士（Dr. of Philosophy）在水稻遺傳學方面頗有成就，他原任職於南京的中央農業試驗所，在中國的農藝界相當有名氣。

　　他在國民政府接收臺灣的時候，擔任臺灣省農林處長，後來又擔任立法委員。他在臺大農藝系開一門農業概論（Introduction to Agriculture），廣泛地介紹農業的定義包括作物的栽培、森林的經營等等，講授內容相當廣泛，所以他的課不只農藝系學生來上課，包括園藝系或是農學院其他學系的學生也會來修這門課，所以上課時學生人數眾多。

● 影響深遠的三位日籍教授

　　第二次大戰後臺北帝大被國民政府接收，改制為國立臺灣大學，幾位傑出的日籍教授被國民政府

留用，協助接收後的臺灣大學繼續發展，而磯永吉博士就是其中之一位。

磯永吉教授於民國元年（日本大正元年）從北海道帝國大學畢業之後來到臺灣，那時候臺北帝大還沒有成立，所以他在臺灣總督府農業試驗場當農業技師，從事稻作改良工作。

到了民國17年（昭和3年）臺北帝大成立了，他就被聘為教授，成為熱帶農學第三講座作物學講座教授。接著民國31年（昭和17年）又擔任農業試驗所所長，光復後多數時間在臺灣省政府農林廳的總顧問室擔任臺灣農業技術總顧問，所以我則沒有上過他的課。

此外，植病系松本巍教授、農工系高坂知武教授也都是在臺大服務的日本學者，我就讀臺大的時候他們都還在，而且都還受教過。

◉ 有溫度的師生關係

大學時的生活，除了上課，農藝系學生還要在附設農業試驗場實習，蔗作學、生物統計學都是必

修課，也都有實習課程。記憶中，那個時候的學生對於功課都滿認真的，不但如此老師也都很有人情味，像是錢思亮校長，我們畢業時邀請他和我們一起到西門町的一家火鍋店聚餐，他也照樣以校長的身分來參加。

錢校長人真的很好，當時流傳一個美談，可以看出他為人非常的幽默和善。

現在臺大的操場建設得很漂亮，有網球場、田徑場、司令臺，但以前就只有一個小小的司令臺，其他地方都是雜草，幾乎只有在全校運動會的時候才使用，每年就這麼一次。某次運動會，錢校長上臺致詞，他說：「今天天氣很好，沒有太陽，又沒有下雨……」就這麼幾句很平常的話，正如其人，不擺架子，讓人如沐春風。聽說學生有什麼事情都可以直接到校長室找他，他都會熱心的幫忙。

至於學生和老師之間，關係也很密切，那時候學生們活動少，大概是經濟因素，我們班上除了畢業旅行到觀音山走走，也不曾去哪裡參觀，所以導師請吃飯、聚餐就成了重要活動。

我們導師湯文通先生就常請學生到他家吃飯、

聊天，課堂外的老師一點也不嚴肅，不過大家做功
課的時候倒是變的認真起來。

第三章

青年時代

當時的磯小屋值夜室（今志工室）仍維持日本時期的格局，從門口進去，前半部是類似客廳的空間，有個燒柴的爐灶供熱水，裡邊則是架高的榻榻米和室，有個小櫃子，東側則設有廁所。就在這個小小的空間裡，開始成家立業……

空軍通信學校
氣象專班服役

◆
◇

◉ 光頭阿兵哥

　　民國43年我從臺大農藝系畢業，獲得農學士學位。該年8月12日，接著去鳳山陸軍官校參加第三期預備軍官訓練班，在那邊共待了一年。民國44年8月訓練結束，就以空軍氣象預備少尉退伍了。

　　在鳳山報到當天，班長很客氣地招呼我們，等排排坐後，才知道是要理頭髮，一起身就已變成了光頭模樣，同學在營中見面還互相摸摸頭戲謔一番。

　　我是農藝系畢業學生，在學校曾上過氣象學課程。在鳳山接受了四個月的預官入伍基礎訓練之後，軍方特別把這些學過氣象學的學生集合起來，分發到岡山空軍通信學校氣象專班，再進行六個月

專業訓練。我們在那裡接受氣象知識方面的訓練，結束後再回去鳳山接受一個月的政治訓練，包括三民主義等課程，一個月後我們就結訓了。

那個時候蔣總統的孫子、陳副總統的公子也都在鳳山受訓，但他們不是大專畢業，他們是高中畢業，準備赴外國留學，所以稱為留學生連。因為我在軍官學校第一人隊第一中隊，每次看電影或觀賞勞軍表演時，都坐在最前面，我的隔壁就是留學生連。常聽他們談論那位是蔣中正的孫子蔣孝武，那位是陳履安，所以對他們有一些印象。

◉ 第一次搭飛機

由於我服役的是岡山空軍通信學校氣象專班，退伍前軍方特別安排我們從岡山機場飛到臺中再折返，在天空上觀察雲的各種形狀。那是我生平第一次搭飛機，心情自然相當雀躍與好奇。看著一一掠過的雲朵，好比幻化人生，有無數未知等著我去追尋⋯⋯

成家立業起頭難

◉ 百年樹人的夢

　　為響應政府的「人才下鄉」政策，許多人在服役結訓之前都會參加考選部的就業考試。但是鄉鎮公所根本沒有適合的職缺給退伍的大專生工作，所以大家也不太會去報到。

　　因此民國44年服完兵役從鳳山陸軍官校回來，我就計畫到高農或者農校教書。其實臺大四年中，也只是在學校做一些實習而已，對實際的農耕工作沒有經驗，和鄉村的農民也沒有直接的接觸，但那時候對自己的就業想法比較浪漫。雖然想當教員，卻沒有找大學老師推薦，就自己寫了十幾封自我介紹信到各農校去應徵，結果馬上就有五、六所學校直接把聘書寄來，邀請我去任教。

　　我本來打算就近找一所家鄉附近的農校教書，

但就在這時候，突然接到母系顧元亮教授的來信，他在信上說，學校有一個農場技士的缺，希望我能回校服務。我在學校曾受教於顧老師，他是位剛直且深受大家尊敬的老師，對我一向很關心，既然老師要我回校幫忙，而且工作地點就在學校旁邊的附設農場，離老師也近，於是改變原來的心意，婉謝農校校長的邀請，於民國44年10月回臺北擔任農學院技士，獲派在臺大農學院附設農業試驗場的農藝分場工作。

◉ 入住磯小屋

當時一切都十分克難，教職員宿舍也不足，新進人員只好另覓住處。所幸磯小屋值夜室可借住，也暫時解決了住宿的難題。

當時的磯小屋值夜室（今志工室）仍維持日本時期的格局，從門口進去，前半部是類似客廳的空間，有個燒柴的爐灶供熱水，裡邊則是架高的榻榻米和室，有個小櫃子，東側則設有廁所。就在這個小小空間裡，開始成家立業，民國45年結婚，隔年

長女也在這裡出生，是一個充滿許多回憶的地方。

◉ 終與磯永吉博士見面

　　民國46年年底，徐慶鐘先生、陳炯崧教授、林正義教授等磯永吉博士的門生，打算為老師舉辦七十大壽的祝壽晚宴。我當時算是「作物學研究室」最年輕的成員，老早就被前輩們交代要多幫忙跑腿聯繫，務求晚宴熱鬧盛大。而我因從未見過磯永吉博士，所以對這次的晚宴自是相當期待。

　　祝壽晚宴在現臺北行天宮附近的蓬萊閣餐廳舉行，當時臺灣農林界的官員及學者幾乎都是磯永吉博士的學生，大家也都踴躍出席來為教授祝壽。磯永吉博士雖已高齡七十，但仍在宴會上與他的門生故舊們一起又唱又跳，十分開心。雖然是初次見到本尊，但因經常聽聞磯博士的事，如今見面果然與人們說的一模一樣，因此備感親切。

◉ 升起「腳踏農地」的念頭

　　我的工作是管理農場，農場裡有六位技工，都由我負責安排工作。那個時候我其實只有二十四、五歲左右，就管一大把年紀的技工同仁，因為在農藝系四年中大部分只是上課讀書，直到在農場服務期間，重新做稻作學的各種學習，我才親身體驗到什麼是「農藝」。這促使我心裡開始有一個念頭──到臺灣南部親身體驗實際農業生產環境。

　　讀農的人卻不曾接觸臺灣最大的農業地帶──南部，令我感到遺憾。但那個時候我已經結婚了，經濟壓力也大，無法放下工作和家人，自己隻身到南部去。心想假如南部有工作機會的話，我就可以帶著家人一起前往。這時剛好臺灣糖業公司登徵人啟事，但他們徵求的是實習員，意思好像是先實習兩年，再從事臺糖的實際業務。

　　我看報知道這消息後還是去應徵，經考試隨即被錄取。但是當我要辭掉臺大農場的職務時，代系主任的盧守耕老師並不贊同，後來老師知道我想利用這機會到南部體驗臺灣的實際農業環境，也就欣然同意了。

倒吃甘蔗的田野磨練

◉ 玉井糖廠報到

　　玉井糖廠在臺南縣玉井鄉（臺南市玉井區），原來叫做噍吧哖，日人改稱玉井，當時是很鄉下的地方。我原先不曉得那是什麼地方，太太更是從來沒有離開過臺北，但還是決心去報到。

　　報到之後，臺糖要我擔任分擔員的工作，分擔員就是分擔工作的人員，所分擔的都是最基層的工作，包括蔗苗的整理，蔗園的整地、灌溉、施肥，都得由分擔員帶領工人，一起在大太陽下工作。雖然很辛苦，而且我在臺大已經有兩年正式職員的工作經驗，再從實習員做起，似乎有些吃虧，但是這經歷對我來講是一個很好的磨練。

　　我到臺糖的時候，他們知道我是臺大農藝系畢業，將來可能有機會擔任課長或廠長，因此對我很

客氣。我認為把工作做好是實習員的責任，所以就
盡量在那裏學習，除了灌溉、施肥、蔗苗的處理、
整地等這些之前都已經實習的工作外，學習了不少
經驗。比如測量，因為臺糖的農場土地要做機耕，
事先得做平面測量，以了解地形施行機耕，所以廠
裡的主管，有時候也要我去從事測量的工作，這在
學校並沒有做過，但我還是把水平儀扛到很偏僻的
「茔萊宅」農場做平面測量。

　　此外，甘蔗運輸也是糖廠很重要的工作。甘蔗
收獲後，怎麼樣運到工廠裡壓榨製糖，作為糖廠的
職員，這個步驟一定要了解。因為甘蔗是有生命的東
西，一砍下來，甘蔗內的糖分就會開始分解降低，
所以要二十四小時內趕快送到工廠壓榨，蔗糖產量
才不會損耗。另外，甘蔗砍下來的時候葉子很多，
要調製乾淨，減少雜物，製糖百分率才會提高，這
些知識與經驗都是在現場接觸後，才逐漸了解的。

● 虎尾蔗作改良場的集訓

　　在玉井糖廠依公司的安排實習不久，即被派往

虎尾參加集訓,集訓的內容包括:甘蔗學講座、農業機具的操作與維修,直到考取曳引機駕照為止。

　　臺糖是個很大的公營機構,在虎尾的時候,同屆的學員都是臺大或者是中興大學農藝系畢業,也有一部分是高農畢業,他們的名義是乙種實習員,我們在一起集訓六個月。因為是集訓的關係,工作很辛苦,家人也不能一起去。因為我們受訓時的薪水是由玉井糖廠支付的,實習後還是得回玉井服務,前後共實習兩年時間。

◉ 與糖為伍的日子

　　臺糖將全省臺糖所屬糖廠分屬於若干總廠區,玉井糖廠是屬於總爺區,麻豆、佳里也都是它的範圍。一個總廠區有一個改良場,這個改良場專門負責甘蔗耕種與育種的改良工作,臺糖很有系統地進行甘蔗的改良工作,所以我在這邊實習,對這些工作也就有更進一步的了解。

　　我常常從玉井被派去總爺區各地方進行各種田間審查,參加審查甘蔗栽培有沒有合格,也利用那

個機會把總爺區各糖廠親自走過一遍，累積了許多
書本讀不到的寶貴經驗，對臺灣的農田輪作經營有
很深刻的體會。

　　兩年實習過後，廠方要我們每人交一篇實習總
報告，我的實習心得報告又厚又重，在臺糖的兩年
實習雖然很辛苦，但是得到的代價也如甘蔗般甘
甜。

◉ 臺中蔗作改良場的選擇

　　由於玉井糖廠有提供員工宿舍，我就帶著家眷
一起前往工作。但玉井頗為鄉下，醫療資源缺乏。
那時候玉井街上最好的醫師是一位廖姓醫師，他同
時也是臺南縣議會副議長，經常因為開會待在臺南
縣議會的所在地新營。我的孩子容易發燒，卻又
為了找不到看病的醫生感到傷腦筋。在玉井兩年之
後，我就請調到臺中烏日的臺中蔗作改良場服務。

　　臺中蔗作改良場共分為兩組，一個示範組，負
責甘蔗推廣工作；一個是研究組，負責甘蔗品種改
良與栽培的工作。在研究組工作後，才深刻體會到

自己學力的不足，實際經驗是有一些，至於理論方
面則應該再吸收。但臺大農藝系那個時候還沒有
成立研究所，為了能夠繼續深造，決定準備留學考
試，出國進修。

準備負笈東瀛

◉ 考取留學考試

那個時代凡是要到國外留學的學生，都要參加教育部的留學考試，留學考試分成歐美和日本兩組，因為我很想去東京大學做研究，所以選擇考日本類組。民國50年，我考取了資格。教育部隨即通知我們參加教育部舉辦的留學生講習，講習課程共三天，結束之後發給每人一份留學證書，憑這證書才可以開始辦理出國手續。

◉ 靜待警備總部出境證

那個年代出國留學非常不容易，一方面得取得想要申請留學學校的「入學許可證」，另一方面還得辦理出境證，向有關單位提出各種出境申請書，

獲准出國後才能去結匯。但提出申請後，警備總部什麼時候會回覆，許可或不許可也不曉得標準，我聽說很多同學都在等待警備總部的消息，每個人都擔心，萬一被查到什麼問題，出國就有麻煩。我記得從提出申請到取得同意書，大概是等了三、四個月的時間，那個時候的社會環境就是這樣子，管制很嚴格。除了處理這些事情外，我還得向臺糖公司辦理留職停薪，並安頓家人。

◉ 航向日本

　　當時聽說教育部對於留學生出國有優惠的辦法，若搭乘自己國家的輪船可以享有八五折或是六折票價的優待。我聽到這個消息就到國營招商局打聽，真的有這種從基隆到日本的客貨兩用船，票價60元美金，只要出示教育部留學證書，就可以買優待船票。我第一次從臺灣到日本，就是搭國營招商局的輪船「海鷗輪」。這是艘客貨兩用的輪船，從基隆港碼頭出發，先經警備總部驗明正身後登船。船在當晚往南部開，先去高雄港載香蕉和砂糖後，

再繞經花蓮航行到日本。

　　民國51年8月，我終於踏出國門，身上帶著父親
給的250元美金，出發前往日本東京。

第四章

日本東京大學
求學時代

東人研究室的規矩是在提交論文口試之前，一定要先把博士論文公開發表，也就是論文得刊登在正式學術雜誌上，而且至少要兩篇以上。如果學生沒有達到教授要求的程度，指導教授就不會向學生提到論文口試這件事，一旦老師不講，學生也不敢問……

獲東京大學農學修士學位

　　根據日本東京大學規定，研究生拿到「入學許可證」並不等於具備學籍，必須經過一年或半年研究生後，由指導教授認可，才能和日籍研究生同等同時參加正式入學考試。所以到東京之後，我先以研究生的名義到大學旁聽。9月通過了筆試，才真正地成為東大的修士（碩士）研究生。

　　修士就是碩士，兩年後，我把所有的學分修完，並且通過論文的審核，由研究所所長向學校報告，然後校長才依此頒發農學修士學位證書。

　　日本是非常重視傳統的國家，證書上的字都是用毛筆書寫的，而且還設想周到，怕證書太大張不方便，還另外製作一份小張的證明書，也有正式的印章，畢業生可以把大張的證書收藏在家裡，求職面試時，出示小張的證書即可。

　　不僅如此，學校對於畢業生的品格非常在乎，

要求十分的嚴格，即使畢業了，如果日後有違反社
會禮俗或犯罪等事情發生，學校是可以取消學位
的。

不能再嚴格的研究工作

◆
◇

◉ 不眠不休的實驗工作

在日本留學期間，生活很辛苦，一年三百六十五天，很少休息，即使是晚上，也忙著做實驗。東大的設備比較新，已經開始使用電子顯微鏡來觀察細胞微細構造，因為機器十分昂貴、稀有，除了我們農業生物學科的學生使用外，其他研究所的學生尤其是病理學、畜牧、獸醫等也都要使用，只好各單位輪流，一個星期只能夠輪到一次。為了能充分利用這機會，一次的實驗常常進行一整個下午。因為電子顯微鏡要預溫，我們得事先準備材料，並在早上將底片材料放入儀器中抽真空，下午兩點開始使用，直到實驗結束並將所有底片沖洗出來才算完成。等到這時候都已經是晚上九、十點了，得急忙趕到附近車站，搭乘最後一班十點的市內電車回

家，要是沒有搭上的話，當天就無法回到家裡。

◉ 培養獨立研究的能力

那時候幾乎所有生活重心都放在學業上，希望趕快完成學業，而且也希望利用這段時間，盡量吸收日本文化。我很想了解明治和大正年間日本為何進步那麼迅速？昭和20年（1945年），第二次大戰以後，日本復興的速度為何那麼快？

從我在日本所進行的研究專題「稻根內皮的研究」，就可以看出來，日本人做事實在是很仔細。我的指導教授主要是做「稻根的生理、生態研究」，我只是分擔內皮的組織分化，與整個水稻根的關係的研究。其他的同學有的做根毛，有的做更細部的研究，以教授的研究主題方向為主，我們都只分別進行一小部分。

因為日本的研究體制是講座制金字塔式的，教授擁有很高的權威，助教授、講師、助教、研究所博士班及碩士班的學生都是他的手下。他會將每個人的研究題目安排好，大家分頭進行，他在旁邊隨

時監督指導。透過這種精密的分工方式，教授領導的研究小組，便能很容易完成重要的學術成就。我那個時候，就是在東大這麼一個非常傳統的組織裡面，進行一小部分的研究，就像是一個組織細胞一樣。但是我可從這個小地方，看到很多東西，而且在研究過程中，培養任何事情都要自己摸索的習慣。

　　所以我在東京沒有什麼旁鶩，每天都關在實驗室，做光學顯微鏡及電子顯微鏡的觀察等，不曾受到大都市東京繁華的誘惑。我曾經有一個早上，從早上八點到第二天早上八點日出，不眠不休地進行實驗，因為要做一個測定，每兩個小時就得拿一個20公斤重的種植水稻的盆子，用精密的天秤測重量，以了解水分少掉多少，每兩個小時一次，沒有任何人幫忙。雖然花費不少體力，但也因此可以從中了解整個實驗的意義。

　　包括先到田裡種植水稻，如換水、稻田管理；接著用解剖的方法，操作光學顯微鏡、電子顯微鏡加以觀察，整個過程細微又完整，得出結果後，再綜合起來寫一篇博士論文。這個訓練是無形的資

產，完成訓練後，他們頒發一紙證書給我，證明我有能力可以獨立進行研究外，也能指導學生做研究，這構成我回來臺灣工作的一個重要知識基礎。加上我之前在臺灣，已經在基層用腳去體驗實際的農業生產環境，學術理論和實際生產體驗配合起來，對農業之於社會的意義才有深度的體認。

　　我的指導教授川田信一郎先生非常嚴格，要求學生在博士口試前要將論文內容發表出來，所以在我畢業之前，已經有三篇論文發表在日本作物學會紀事上。有些日本學者來東京大學的研究室拜訪老師，就問哪一位先生姓賴，因為日本有位叫做賴山陽的歷史學家，他們以為我是他的後裔。

　　又有一次NHK也找我去訪談，他們在早上的時段有農村相關的節目，我的老師推薦我上節目介紹臺灣的農業。畢業後，老師還特別要我整理最後兩篇稿子交給他，才能夠離開日本。

完成東京大學農學部博士課程獲頒農學博士

　　民國53年8月修士班畢業，該年10月，我繼續攻讀博士班，並於民國57年2月獲得博士學位。

　　依據日本教育制度，日本大學頒發的博士學位有兩種，一是課程博士，也就是修完規定的課程後，再提出論文，通過論文考試後取得博士學位。另一種是不經過修讀課程，而是以社會上的成就來申請學位，學校會為他們舉辦專門學科考試，通過後在教授指導之下整理論文，再提出參加論文考試，這叫作論文博士。

　　我是正式的課程博士，在日本取得博士學位比較困難，原因是即使所有的學分修完了，不見得就能提出論文，能不能提論文是由指導教授決定，因為老師了解學生在研究上到何種程度。不像美國，博士生修完學分之後，學校已經準備為他安排口

試了。

　　我在東大研究室的規矩，是在提交論文口試之前，一定要先把博士論文公開發表，也就是論义得刊登在正式學術雜誌上，而且至少要兩篇以上。如果學生沒有達到老師要求的程度，指導教授就不會向學生提到論文口試這件事，一旦老師不講，學生也不敢問，常常就這麼耗著，在日本就有這種限制。比如說有一位臺灣的留學生他和我同年，預官訓練班同屆，早我數年到日本東大留學。

　　我在民國51年到東京大學報到時，在農學部的大門口巧遇了他，那個時候他已經在東大的博士班快畢業，所以他在校門碰到我時他很驚訝地說：「賴先生你為什麼這個時候才來？」可是五年後，當我正準備要將博士論文提出去時，他還沒有拿到學位。所以日本的制度比較嚴格，只要指導教授不開口，學生一點辦法都沒有。現在情況可能好一點，因為教授的觀念不一樣了，社會環境也不一樣。

　　我的指導教授川田信一郎先生雖然非常期待我，但也相對嚴格，這讓我在東京大學學了不少。

民國57年2月我通過博士論文口試而獲頒農學博士學位，題目是《水稻冠根の內皮に關する研究》，整本論文依照東大的規定，完全是用手寫的。

拮据卻美好的時光

◉ 留學甘苦

那個年代，雖然已經開始有公費留學生制度，但是名額不多，想利用公費留學很困難，所以大部分的留學生還是自費。但即使是自費，因為不能從臺灣隨便匯款到國外，在經濟上也不是那麼方便。我們很多同學都不太願意講自己在那邊怎麼樣過活，但是大部分的人不外是想帶一點錢去，先將臺幣換成美金，到了日本後再將美金換成日幣，當時因固定匯率1元美金可以換360日圓。大部分人會在留學期間打工賺些錢補貼生活費用，有的留學生是擔任家庭教師，也有人開餐廳或在餐廳工作，因為經濟上都不寬裕，大家也都勤勞工作。許多留學生之間或流傳一些特別的變現方法，比較有趣的是有些人帶比較名貴的錶去那邊找一些朋友換現。

　　我在留日期間也曾擔任家庭教師的工作，因為剛好有一個日本高中學生住在我住處附近，日本人對東京大學的學生非常敬重，只要是東大的學生，他們都非常歡迎為他們自己的小孩指導功課，我因曾在日本時代受過日本教育，有日語的基礎，還可以勝任家庭教師的工作。

◉ 人格比學位重要

　　東京是世界最繁華的都市之一，大約一千兩百萬人口，佔日本總人口數的十分之一。九州有九州的方言，東北有東北的方言，但因為東京是首都，這地方講的話就變成非常標準的日本話，我在那樣的環境將近生活六年，在語言方面受到很深的訓練。我之前就很喜歡讀日本小說，因為有這方面的興趣與基礎，在日本的時候更容易接受他們的生活習慣。

　　我就讀東大的時候，東大並未要我繳學費。留學生在繳學費前，得先到註冊組去要一份在學證明書，再到大使館辦理留學生身份的手續。等這些手

續完成後，將文件拿到學校辦理註冊，當期學費則可以減免。我就讀東大五年期間沒有交過一毛錢，只有在入學考試時交了「檢定料」，就是入學考試的費用。留學生申請免繳學費，因為得經過大使館蓋章來證明自己留學生的身份，所以對大使館會比較客氣，盡量不要做任何令他們擔心的事。

我還記得去東大註冊組申請在學證明的時候，受理單位只是一個小小的窗口，一位工讀生坐在櫃檯前，我只需要寫一個條子，載明姓名、系所和修業年級，再交給他，等一會兒就可以取得在學證明書，證明書上除了書寫我的學籍資料外，還蓋上院長的章，但我從沒有看見院長在那邊出現。

為什麼一個工讀生可以這麼輕易地蓋上院長的官章，把文件送出去呢？這令我納悶，我回去研究室後就向我的老師提起這件事，問他：「你們這邊拿在學證明這麼簡單，不會出紕漏嗎？」他笑一笑說：「不會的，我們辦事情不是靠蓋章，是靠人格的信賴，萬一這個人發生一次錯誤，就永遠不會再被錄用，所以確定不會出錯的」。

在日本很多地方，印章其實只是表面上意義，

人格是否被信賴才更是重要，所以推薦函很重要，某甲願意向他人推薦某乙，是因為他相信某乙的品格。把印章等重要的東西交給一個工讀生，並由他發出文件，萬一有紕漏或偽造，這個人一輩子就再也不能在這個地方工作，也無法取得別人的介紹信。從這裡多多少少可以看出日本人做事的風格，非常重視信用。信用當然是平常時候就得慢慢累積、儲備，而且要珍惜，即使獲得日本大學的博士學位，萬一日後在社會上做出不名譽的事，給學校丟臉，學校是有權註銷你的學位的，他們不會讓畢業生為所欲為，人格保證這一點，在日本傳統精神上是很重要的。

● 在東大的學長與同學

　　因為我先在臺灣工作了六年才到日本留學，到了日本的時候，和我差不多年齡的幾位臺大的學長或是同學，都已經順利地在東大完成學位，準備回來臺灣工作，例如曾擔任過農學院院長農化系蘇遠志先生，曾擔任過臺大總務處長的吳順昭先生，他

們當時都已經完成學位，準備回來臺大教書。至於
和我同時間到日本留學的，有念農經的江炳坤先
生，以及後來曾擔任監察委員的政大地政系教授殷
章甫先生。

　　因為東京有很多臺灣去的留學生，政府為了聯
絡方便，特別成立了東京中國留學生會，當時江炳
坤先生是留學生會的會長，和中華民國駐日大使館
的關係很好。我的目的只是要去日本唸書，不想浪
費時間在一些和學業無關的活動上，但是同學會還
是會參加，因為有回國訪問等活動時，他們會安排
團體機票。留學生和大使館之間也會有往來，我
們在那邊唸書時，中華民國政府還和日本有邦交關
係，我們的護照要延期還是得去大使館辦理，而且
大使館設有文化參事處，這個單位和留學生也有密
切的關係，我個人因為沒有時間參加任何有關政治
的活動，所以和文化參事處的關係不深。

　　另外一個常常會和我們聯絡的留學生組織是東
京臺大同學會，這個組織有一點色彩，但是我也是
一樣參加，因為它會舉辦郊遊之類的活動，彼此聯絡
感情，這個組織成員們的談話，比較偏政治的論調。

　　我相信那個時候大使館對對留學生的動態還是非常「關心」的,即使像我這種常常整天待在研究室裡的學生,還是會感覺到他們的「關心」。

◉ 全家在日團圓──老師的關照

　　我的老師雖然在學問啟蒙上相當嚴格,但他對我非常關心。日本人就是這樣,公是公,私是私。我的家眷是我在碩士班快畢業的時候接過去的,那個時候留學生不能隨便帶家眷依親到日本去,我曾向我的老師提到這問題,我的老師及時商請他的朋友幫忙,以這位朋友的父親所開設的公司招聘我太太作為職員,辦理出國。雖然出國的手續相當複雜,但因為有了日本公司招聘的保證書,後來便順利辦成,解決這問題。

　　為了讓孩子們順利就學,我們最初是看看日本有沒有給小孩念的中文學校,東京有一所中華學校,但是離我們住的地方太遠,我沒有時間每天送他們上下學,太太也有工作,所以沒有辦法到那學校唸書,這也令我為小孩子怎麼樣就學的問題傷透

腦筋。

　　後來我的老師問起孩子們就學的事，知道這問題後，即建議我讓孩子們在住家附近的日本小學就讀，他給了我一張他的名片，並在這名片上寫道：「某某小學校長先生：賴先生是位留學生，關於他小孩子入學的事，請多指教！」要我帶著這張名片，和自己東大研究生的名片，到區公所的教育委員會拜訪，請教他們如何處理孩子教育的問題。我心想，這樣一張名片，真的有用嗎？沒想到當我到教育委員會拜訪的時候，他們一看老師的名片，馬上說：「我們了解了，我馬上會打電話給校長，明天上午請你太太帶小孩子去小學報到」。聽到他們的答覆，我還是有些疑問，不過日本人既然講這種話，應該是可以相信的。

　　由於我第二天學校有課，住宿的地方離東大也很遠，需要兩個小時電車的車程，就把帶孩子到學校這事交代太太。據我太太說，他帶孩子到學校的時候，校長非常客氣，很歡迎我們小孩到學校上學，還特別介紹一位很親切的老師。

　　我的小孩子本來不會講日語，但上學後不到三

個月，便很快地學會語言，並且和日本的學生混在一起。老大個性是比較活潑的，還被推選為班長，那個時候我和我的小孩子，都能體會到日本人對待我們是很客氣，很友善，小孩子唸書都是義務教育，也不要學費，非常令人感激。

◉ 與蓬萊米之父磯永吉教授錯過一面

另外值得一提是，出國留學臨行前，臺大農藝系恩師陳炯崧教授，委託我帶二罐肉鬆，要送給住在橫濱市的磯永吉博士，可惜磯博士正巧去山口大學講課，未遇。兩星期後，磯博士特地寫了張明信片給我，對於學孫遠道來訪卻未能碰面感到十分可惜，希望我下次有空能再來此一遊。

然而日後因我東大學業忙碌，加上不久後磯博士身體狀況轉差，搬離橫濱至岡山大學和女婿川口教授夫妻同居，自此也就沒有機會再碰面了。

第五章

久違了，黃昏的故鄉

我完成東京大學博士課程畢業之後，
曾寫信向顧老師請益日後就業問題。
我的想法是雖然糖業研究所是個很好
的機構，但它畢竟是個國營事業機構，
在這個地方工作只能為自己的公司服
務。相較之下，我對可以從事學術研
究並且培養學生的學術機構更有興趣。
就像孫悟空，拔一根毛，吹一口氣就
可以變出好幾個孫悟空……

應聘臺大母系參與育才

　　當時留日學生畢業後，多半會有兩種不同的選擇，一種到加拿大或美國發展，在這些國家的研究機構進行博士後研究，另一種是回來臺灣服務。考量父親年紀已大，曾再三寫信希望我能夠回臺灣。因為這些緣故，所以就沒打算前往美國或是加拿大發展，而是準備回臺灣服務。

◉ 各界的鼓勵

　　因為我出國前曾向臺糖公司辦理留職停薪，所以等到博士課程快畢業的時候，糖業研究所劉所長剛芝先生就透過我的同學，詢問我畢業後有沒有意願回臺灣糖業研究所服務，他對我回到臺糖公司表達出非常高的期望。我的想法是我會回去，只是時間還沒有確定。

　　此外，當時取得東大博士學位的留學生，每年只有幾個人，為了鼓勵這些學人回國服務，駐日大使會特別邀請留日學生去談話。邀請我去談話的大使姓薛，他除了對我們幾位剛取得博士學位的留學生表達祝賀之意，也向我們表示國家需要建設的人才，所以希望我們可以考慮回國，假如有意願，就可以利用學人回國服務辦法，補助本人以及家眷的船票費用。大使的談話確實對我回國有鼓勵的作用。

● 恩師的期盼

　　那段時間，我在臺大的老師顧元亮先生，正好來到東京參加太平洋學術會議，我去探訪他的時候，他特別要我陪他參觀東京大學的人工氣候室。人工氣候室當時是很新穎的設備，據說臺灣也想蓋一座，所以顧老師希望趁此機會到東大蒐集一些資料，但我不了解他的意圖，只是以為他對人工氣候室有興趣，所以非常樂意陪他參觀東大的設備，並就我平常使用的情況向他報告，他參觀時也沒有向

我說明臺灣準備要蓋人工氣候室的計畫。

　　完成博士課程畢業後，我曾寫信向顧老師請益日後就業問題。我的想法是雖然糖業研究所是個很好的機構，但它畢竟是個國營機構，在這個地方工作只能為自己的公司服務。相較之下，我對可以從事學術研究並且培養學生的學術機構更有興趣。就像孫悟空，拔一根毛，吹一口氣就可以變成好幾個孫悟空，可以為社會造就更多人才。

　　我寫信回國的時候，剛好我的老師顧元亮教授兼任臺大農學院院長，他很希望我能回到臺大任教。

轉航25.0173°N（臺大座標）

　　要回臺大，首先得獲得農藝系系主任的許可，顧元亮教授要我寫信給系主任，表達我的想法。當時系主任是畢中本老師，他給我的回答，不是很肯定。但是到了4月的時候，我接到臺大錢思亮校長的聘書，隨即準備啟程返國。

◉ 爆發東大安田講堂事件

　　我在民國57年2月在東大完成博士學位，大概是在5月端午節前後，從日本神戶港搭乘國營招商局一艘新的客貨兩用輪船──海祥輪返國。因船停泊在神戶港，我們全家要先從東京搭火車到神戶，再搭船回國。剛好利用這機會，全家在神戶做一天的小旅行，留下難忘的回憶。而這個時候日本正好爆發非常嚴重的東大安田講堂事件。

　　自民國34年（1945年）日本在第二次世界大戰戰敗之後，其國內處於重創、加速復興的狀態。我在那邊將近六年期間，整個日本社會很平穩。剛剛去的時候，首相是池田勇人先生，後來變成對臺灣很友善的佐藤榮作先生，佐藤首相是前首相岸信介先生的弟弟，為什麼哥哥姓岸，弟弟卻姓佐藤呢？日本以前社會是這樣的，比如說某人家境比較清貧，但是小孩唸書唸得非常好，甚至念到東大，將來的成功是很可以期待的話，就會有富有人家或是政治世家，願意收來當養子，就是像招贅一樣，可以保證將來的發展。岸以及佐藤是親兄弟，但一個是岸家收養，一個是佐藤家，這兩個人都是東京大學畢業的高材生。從池田到佐藤，在他們擔任首相期間，日本經濟很穩定發展，可是就在我要回來那一年，東京大學醫科學生開始發動學運。

　　醫科學生是東大最優秀的學生，但他們認為唸醫科受到很不平等的待遇，醫科唸七年，然後留在學校當助教或住院醫師好幾年，養小白鼠作實驗，天天做些老師交代的工作，十幾年後才有機會被派到其他醫院擔任主任。比起其他唸到農學院或工學

院的學生，大學部只需要修業四年，研究生頂多是五年就可以拿到博士學位，不唸研究所的學生，大學部四年畢業後在TOSHIBA等大公司工作，經過幾年，也可以當上課長職務。所以醫學院學生有很多不滿，因而爆發學潮，希望文部省（等於教育部）對日本學制進行改革。

發生學潮的時間，剛好就是我搭船回臺灣的時候。我回到臺北是6月初，很多學長像吳順昭教授還特別問我，知不知道東京發生很大的暴動，東京大學安田禮堂被燒了。我不曉得這事情，因為搭船的時候，船上沒有廣播可聽。從那次學潮之後，日本開始陷入動亂，而我已經學成離開，雖未受波及，但回到臺灣後，在宿舍與孩子就學上也歷經了一波三折。

第六章

臺灣第一座人工氣候室

人工氣候室的設備可以模擬各種環境條件，不需要為了想要試驗低溫條件而辛苦跑到玉山上去。最明顯的就像蘭花，有些蘭花開花之前需要低溫的一陣刺激，所以園藝系李哖老師就指導很多學生利用我們氣候室的設備，放在低溫、高溫、中溫的環境進行試驗，開花情況就完全不一樣，試驗出來的結果又很清楚，應用上就有比較大的信憑空間，所以人工氣候室的確是研究栽培作物的生理、生態可以發揮很大的功能……

安居大不易

　　我在日本接到臺大聘書，職位是農藝學系專任副教授。聘任時間是一年，自民國57年8月1日到民國58年7月31日。聘書都是預先發的，不會到了8月1日才發。

◉ 居無定所

　　我回國後就拿著聘書到農藝系拜會系主任畢中本老師，告訴他我已經回來了。我向他表示，我回臺灣後沒有地方住，學校是否能協助解決這問題？我有四個孩子加上太太和我，一共六個人，臺北雖然有很多親戚，但我不能這麼多家眷一下子就住到人家家裡去，造成他人不便。

　　那時候臺北也很少蓋新房子，只好先住在我哥哥那邊幾天。所以我6月回來，8月學校聘書生效之

前，幾乎都為了安排家眷住宿而苦惱。因為學校10月就要開學了，所有的書和行李卻都不能打開，心裡面很著急。我希望系主任能夠幫忙我解決這困擾，事務組分配房舍是要照點數，我只是副教授，點數本來就少，又是剛剛聘任的，沒有資歷。為了解決問題，我只好自己去事務組詢問，事務組的職員很神氣，官架十足，房子的問題連門都沒有。還好我的親戚，不久後替我在西門町安排一個暫時居住的地方，但這並非長久之計，住的問題仍然沒有解決。

◉ 住宿問題現曙光

有一天顧元亮老師叫我到農學院院長室去，他告訴我，我的聘書被更改了，由專任副教授改為客座副教授，為什麼呢？因為國家長期科學發展執行委員會（今國科會前身）訂立一個客座教授聘請辦法，我已被選為研究客座副教授。我不曉得客座副教授和專任副教授有什麼差別，過了幾天正式聘書寄來了，聘書上面有詳細說明，客座副教授正式

的名稱是「國家長期發展科學執行委員會客座副教授」，除了薪資外，還註明每個月會給我多少研究費，提供我和家眷的回國機票，還有提供宿舍的項目等等。我已經坐船回來，機票的事我想不是很重要，但提供宿舍的保證，則可以解決我的困難。

　　拿到聘書後，就到系上向系主任報告這事情，他卻說不曉得有這種制度。大概我是系裡第一個適用這種制度的人，大家還不太清楚客座副教授的意義。他要我自己去問事務組，事務組的人員告訴我，依照這規定學校確實應該提供宿舍給我，但是學校目前沒有剩餘的宿舍，不過他們可以幫我想想辦法。後來事務組在羅斯福路上找到出租的房子，暫時安排我們住在那邊。客座副教授的職務大概是我的老師顧元亮先生替我安排的吧！剛好我的資格也符合這規定。從此之後我才開始安定下來。這件事給我一個啟示，以後假如自己有機會擔任系務，一定要幫人家解決問題，尤其是住的問題，因為能夠身心安頓下來是很重要的。

民國57年的臺大農藝系

　　民國57學年度第一學期，我開始在臺大農藝系給研究所學生開課，但是研究所只有訓練幾個碩士學生，博士班雖然也已經設立，但是招進來的博士生，都找不到適當的老師擔任指導教授，只好半途離開臺大，跑到美國或加拿大留學，博士班正處於「開店休業」的狀態。我回來時候，我的老師都還在系上任教，所以農藝學系的師資和設備都尚待加強。

參與設立人工氣候室

◉ 人工氣候室的由來

　　因為國家長期科學發展委員會下面有幾個中心，比如說工程研究中心、生物研究中心，其中有一個是臺灣農業研究中心。該中心是由臺大農學院主辦，中興大學農學院、臺灣省農業試驗所協辦，隸屬於長期科學委員會，執行的單位是臺大農學院，所以臺大農學院院長等於是臺灣農業研究中心的執行主任，院長正是農藝系教授顧元亮先生。當時長科會撥給農業研究中心一大筆經費，準備用來充實上述三個單位的軟硬體設施。

　　軟體方面就是延攬、培育研究人才，這三個單位的研究人員每年都可以提出研究計畫，審核通過後再由中心撥款給參與計劃的教授或者是研究員，以經費補助的方式來發展農業科技研究。

　　至於硬體方面，首先是幫臺大建立一個人工氣候室，氣候室裡的溫度、濕度、光照都可以利用人工控制的設備做適當的調整，與一般的溫室供作栽培植物、冬天保溫保存的功能不同，藉由這種控制方式，就可以對作物進行各種環境生育反應精密的試驗；第二項要充實的硬體設備就是可以觀察生物細胞微細構造的電子顯微鏡，這套儀器設置在農化系；第三個就要充實中心的圖書設備。硬體方面主要是這三部分。

國立臺灣大學生物資源暨農學院第一代人工控制氣候室

第一代人工控制氣候室（PHYTOTRON）於1963年，由國立臺灣大學農學院（現生物資源暨農學院）籌劃，至1964年四月中旬完工試車，同年六月正式提供原國家長期科學委員會所屬，農業研究中心參與單位（國立臺灣大學農學院、國立中興大學農學院、原臺灣省農林廳所屬試驗單位）教師及相關研究人員正式使用。除進行植物之生長與發育與生育環境之相互影響之研究，更提供栽培植物（又稱作物）的栽培技術及品種改良，增進農作物產量與品質改進使用。①人工控制氣候室擁有可精密控制氣溫之自然光照玻璃室（右前面透明玻璃室）。②人工照明室、低溫暗房調控各實驗室（包括自然光照玻璃室）的調溫壓縮機機房（左側）。③大型土壤滅菌室及試驗準備室（玻璃室及機房左側）。④及冷卻水塔與沈澱池，和優美的庭園。

出任農業研究中心
人工氣候室主任

　　因為國內從來沒有建造過人工氣候室這種設備，顧老師對此很重視，也非常用心在籌劃。臺大幾位我的老師也都參與建造計劃，園藝系的康有德老師也都有參與。

　　剛開始時他們不稱為人工氣候室，而是稱作綜合溫室。雖然參與的人不少，但因為沒有人看過實際的設備，也不知道怎麼樣來經營，將來在管理上如何和學術研究密切配合，都不了解，也沒有這方面人才，而這問題更重要。所以顧老師要我回來，也不是沒有原因，他表面上都沒跟我講什麼，但是心裡卻一直期待我回來。

　　我回國不久，有一天他就帶我去看快完成的人工氣候室建物，他要我接掌人工氣候室，那時候連名字都還沒有弄好。後來農業研究中心就發一個聘

書給我，聘書上的職稱是臺灣農業研究中心人工氣候室主任，聘任人是中心主任顧元亮先生，我和人工氣候室的關係就是這樣開始。

　　人工氣候室後期工程都是由我實際負責，有一個農藝系畢業的助教楊思棣先生幫我，後期的工作包括內部機器的裝設，溫度、濕度、光強控制的檢驗和調整等，以及開放啟用後的管理與維護。內部設施的裝設工作都是交由廠商美國約克公司（York Co.）臺灣總代理西螺公司來承包，植物生長照明燈具是很龐大的一套設備，是向荷蘭菲立浦公司購買。民國58年4月這些組裝工作全部完成，試車情形也良好，6月時人工氣候室即正式開放使用。不只是農藝系，包括所有農學院各科系及協辦單位，只要有使用相關設備的需求，我們都提供使用。要用的人只要填寫申請書，我們管理單位不用「准」或者「不准」等字眼，而是用「同意」他申請的「以下幾項設備」的方式。因為大家都是教授同仁，一定要對教授都很敬重。

為提升研究水準奠定基礎

　　那時候因為人工氣候室的面積很有限，使用時都是算面積，一個架子一平方公尺，每次可以申請兩個架子或三個架子，而管理單位以及使用者都需注重氣候室內的清潔維持工作，和病蟲害的防治工作，因為怕很多作物置放在一起，病蟲就會在裡頭產卵，所以供試土壤拿進去一定要先消毒，消毒的設備我們也都有準備。我藉由實際的工作經驗，摸索出如何確保氣候室保持乾淨的各種方式，並訂立成守則，大家共同遵守。氣候室也因此可以很順利的運作，並相當程度提高農學院老師們及協助單位研究員的研究水準。

　　比如我們做植物賀爾蒙實驗，以前放在野外，溫度一天到晚在變化，但放在人工氣候室之後，溫度控制白天18度、晚上15度，或者白天25度、晚上20度，生長的植物都是一模一樣。尤其是非常精密

的生物試驗，能夠做到這樣就非常方便，不然在田間，今年做，明年做，參差不齊。實驗後的資訊還得要用生物統計來分析，才可以幫研究者來判斷某些試驗結果。人工氣候室的設備也可以模擬各種條件，不需要為了想要試驗低溫條件而辛苦跑到玉山上去，最明顯就像蘭花，有些蘭花開花之前需要低溫的一陣刺激，所以園藝系李哖老師就指導很多學生利用我們氣候室的設備，放在低溫、高溫、中溫的環境進行試驗，開花情況就完全不一樣，做出來的結果又很清楚，應用上就有比較大的信憑空間，所以人工氣候室的確是發揮很大的功能。

　　我花了很多時間在人工氣候室的管理上，因為我覺得這個設備提升各種研究工作的基礎，於是盡職地在那邊負責氣候室的工作。

人工控制氣候室紀要的刊行

◆
◇

人工氣候室，於1964年6月，正式開放給原農業

紀要內論文範例

研究中心各單位教師及研究人員，執行實驗利用，研究成果與年增多，乃予收錄編集成「人工控制氣候室紀要（Bulletin of the Phytotron）」刊行，供內外學術機構參考，獲高度重視。

水稻根生理、生態之研究——培養基組成對分離根生育之影響*

賴　光　隆　　呂　宗　佳

PHYSIOLOGICAL AND ECOLOGICAL STUDIES ON THE ROOTS OF RICE PLANTS—THE EFFECTS OF CASEIN ACID HYDROLYSATE ON THE GROWTH OF EXCISED ROOTS IN VITRO*

KWAN-LONG LAI and TZONG-CHIA LEE

爲研究稻根之生理特性，以印度型水稻臺中在來1號爲材料，行無菌分離根培養實驗。將乾酪加水分解物 (Casein Acid Hydrolysate) 加入以 White 氏無機鹽類爲基礎的改良培養基觀察其對水稻種子根分離根生長之影響。結果顯示，在培養初期約兩星期期間，適量之 Casamino Acid 濃度處理，可促進分離根之生長。但能促進稻根伸長之 Casamino Acid 有效濃度範圍狹小。培養基內加有 Casamino Acid 者於培養後約兩星期，根的生長幾乎趨於停止，未加 Casamino Acid 之分離根則仍然可維持正常之生長。又在濃度0.05～0.1%之 Casamino Acid 處理對分離根生長之抑制却甚爲明顯。由以上結果推論得知 Casamino Acid 對分離根之生長促進效果係一複雜之現象。

In an intension of studying the physiological specialization of rice roots, one of Indica type rices (Taichung Native No. 1) was used for in vitro culture. Casein acid hydrolysate (Technical casamino acids, Bacto Difco certified casamino acids and Bacto vitamin-free casamino acids) were added to partially modified White's complete media to testify their effects on the growth of excised seminal roots. The results revealed that within a narrow range of concentrations of casamino acids were favourable to the elongation of excised roots in a limited period about two weeks.

第七章

在臺大農藝系的教學與研究

當時還在擔任人工控制氣候室主任時，由校方聘任接臺大農藝系職務，著手資深老師退休、新師資聘任、新系館「農藝館」搬遷事宜……我在赴日本東京大學進修前及從日本回國在國立臺灣大學從事教學研究的體驗，就像走了一條迂迴曲折的農藝之路，慢慢地步伐變成有自信……

教學

　　有人說在臺大從事教學，就如同得天下英才而
教之的榮譽。在民國57學年度，暑假結束後的第一
學期，我在當時四號館教室開始講授回母系後的
第一堂課，課程名稱是給研究生開的「高等作物
學」，是一個學期3學分的講授課程。選課的學生
都是碩士班的學生，除了農藝系研究所以外亦有外
系研究生。研究生都是修完大學部畢業，而再經過
考試才進來的，修課的能力，經過期中考試與期終
考試的結果都很優異，令我非常欣慰。但是，由於
研究生要選論文做研究，提出論文通過審查才能畢
業，我就特別為他們指定選讀一些論文，並要他們
提出讀後心得，訓練他們日後開始寫論文時能應
用。

　　記得其中有一篇指定必須要讀的論文是，由在
美國農部服務的 Garner 和 Allard 兩位先生在1920年

撰寫的「有關日照相對長度對植物開花的影響」。

　　在自然界植物的開花，有的春天來臨時即開，有的盛夏時季開，有的在秋天來臨時開，到底是氣溫的高低影響植物的發育，導致不同的時期有各種花木的開花，還是不同季節的光照，或是氣溫與光照的綜合影響才誘致開花的現象？Garner和Allard經過於草和大豆為材料，進行日長不同照射時間的處理發現，於草和大豆的開花，在短日長夜時會促進開花，而在長日短夜時是會延遲開花，換句話說，於草和大豆都是一種相對日長較短，亦即短日環境會誘致開花的短日植物。他們把這種植物對日長的相對長度反應而開花的現象叫做「photoperiodism」中文有人譯成為「光週律」。W. W. Garner 和 H. A. Allard（1920）的研究公表後，對各種植物所進行光期對植物開花的反應的研究結果獲知，有些植物是反應比較長日亦即短夜而開花，有些植物則不關短日長夜，或長日短夜均可開花，即開花受其他生理條件進行與短日或長日環境沒有直接相關。自然界的植物開花，會受日長相對長度的影響之外，有些植物的單性花出現的頻度也會受日長相對長度變化

的影響。例如臺北帝大作物研究室的澀谷常紀助教授曾觀察苧麻的開花，因苧麻的花序上的花，有的是雄性花，有的是雌性花，而這種單性花出現的比率，明顯的會受栽培的苧麻開花時的相對日長的變化而變化，亦即單性花的性比，會明顯受日長長度隨季節的變化而改變。

　　有關植物開花機制的問題，不只是光期長短的因素會影響，其他還有低溫處理如春化作用（vernalization）效應，植株營養狀態C／N比例對開花結果都會有影響，也都與作物生產有密切關聯。我在臺大農藝研究所或在大學部授課，從未利用既成的教科書，而都是使用已公開發表的相關資料編制授課內容，而且一定先依課程目標，編成該學期進度講述。在農藝學系任教近三十餘載，除了上述「高等作物學」之外，也開博士班「作物學特論」，大學部課程「特用作物學」、「作物解剖學」、「植物與糧食」及「作物組織與細胞培養」等，盡個人能力，傳授年青後代學子。民國86年2月，因屆齡，依公教退休規定，從臺大農藝學系退休，並接受校方提聘為國立臺灣大學名譽教授。

研究

　　大學教師除了從事教學以外，最重要的任務是指導研究生從事相關學術研究，提升國人研究水準的國際化。我把研究目標設定兩大方向，即水稻為主的農藝作物，其栽培學上的研究，與作物組織、細胞培養的研究。前者是以生理、生態特性，追蹤、分析和產量構成要素有關的器官，如水稻的分蘗或穎花、穎果等的發育過程。而這些研究都由研究生，在教授指導下執行，研究所獲成果則於學術刊物公表，供參考。

　　這些論文，在不同時，在不同學術刊物登載，為供農業科技人士參考，這些論文，已匯集成冊為論文集（上）臺灣農藝作物栽培學上的研究，已經由國立臺灣大學磯永吉學會出版。

　　其次是植物組織、細胞的培養之研究。早期由德國植物生理學者 G. Haberlandt（1902）教授，嘗

試以無菌培養分離的植物器官，但沒有成功。而
動物方面Harrison R. G.（1907）利用神經細胞培養
於青蛙的淋巴液中，發現神經細胞會生長並發生分
支。我回母系後為稻根生理、生態的研究，曾指導
研究生進行水稻分離根的無菌培養，雖然有遭遇困
難，但最後成功地選出R1及R2印度型水稻根培養的
改良培養基兩種。繼續做1.水稻癒合組織的誘導，
並進行器官分化的實驗，成功地獲得綠色植株再
生。2.水稻原生質體的分離，培養，成功獲得綠色

論文集（上冊）左，與（下冊）右。

稻株。3.分別從兩種野生種菸草 N. tomentosiformis
與 N. sylvestris 分離原生質體，經誘融後培養獲得
融合體雜種植物，其形狀非常類似栽培種菸草 N.
tabacum。有關作物組織、細胞培養之研究所獲論
文，已在不同學術雜誌公表者，經彙集成論文集
（下）農藝作物組織、細胞培養之研究與應用，亦
由磯永吉學會出版。

　　在臺灣大學農藝學系從事教學研究逾三十多歲
月，指導前後進研究室的學生，從事論文實驗，
考驗他們的智力與毅力。我有幸且感謝能夠和他們
一起往同一目標努力，並分享他們通過論文考試的
喜悅。

出任農藝學系系務

　　民國61年，仍在忙於人工控制氣候室主任的工作，校方要我兼任農藝系系主任的職務。我心中想，一定是顧院長的安排，當時農藝系的師資，僅有我於民國57年回國服務，而兩位從美國回來的學人已先後離開，師資的問題成為非常嚴重。我出任系主任職務時還是副教授，因之學校給我的聘書是兼代系主任，因為我還沒有升等教授，所以是自己代理自己的兼任主任。但是由於我在民國62年職位升等為教授，代系主任就變為系主任。

◉ 系務的迫切問題──師資老化

　　前面已提過，我回母系任教的時候，在民國43年畢業農藝系時候的老師們，都仍在農藝系任教，師資的老化非常明顯而嚴重。而在我剛接系主任的

職務時，教育部也有所動作，希望資深年邁的老師能辦理退休，讓系上的師資年輕化，實現人事的新陳代謝。當時我們系的老師，年齡已超過七十歲的就有三位，而且都擔任農藝系的重要核心課程。我在系務會議上報告教育部下達的教師退休辦法，並徵求老師們對申請退休的意見，結果沒有一位老師表示意願要退休，令我深深感覺推動系務的不易。

◉ 提示系裡配合措施安撫資深老師榮退

對多年來守護學生，傳授專業知識，以高風亮節的涵養薰陶我們的尊師們，遇到退休的現實，我個人也難免有不捨的感傷，但考慮到農藝系的將來，我還是希望尊師們考慮勇退，因為我不能看到敬愛的老師們，發生在講壇上倒下時，再去想辦法的憾事。因之，我向願意退休的老師，保證維持現有的研究室五年不變，供老師們繼續利用，也歡迎他們經常到系裡走動。

◉ 敦聘新血回系服務加強教學研究水準

　　部分資深老師退休之後，必須要安排的是提聘新師資。林燦隆博士、林安秋博士、林秀雄博士及賴文揚博士，另外和中央研究院合聘鄒宏潘博士、臺灣農業試驗所的黃真生博士，前後順利應聘來系，參與臺大農藝系的教學研究陣容。而前後獲選赴美進修的朱鈞博士、陳成博士、蔡文福博士、張新軒老師和高景輝老師也都學成，回到系裡任教，臺大農藝系的教學研究教師陣容，成為空前的堅強，教學研究的水準也明顯的提升。

◉ 搬遷新系館農藝館

　　我在民國39年入學國立臺灣大學的時候，系館的主要研究室及系圖書館都在四號館。而四號館還有園藝學系的研究室、圖書室、實驗室，另外還有農經系陳正祥教授的土地利用研究室，換句話說，四號館是許多學系共用的雜居系館。因此新聘回來的師資，幾乎無法在四號館找到研究室，而我自己

臺大農藝館

　　在民國57年回母系任教時，也只好暫時在舊種子研
究室（現在的磯永吉博士紀念館，即磯小屋）的一
小房間落腳。

　　為解決當時各系研究室空間嚴重缺乏，影響臺
大農學院教學研究的發展，當時的農學院院長顧元
亮教授，向學校爭取新農學院研究大樓的經費，並
在第一學生活動中心旁，即現農藝館位置動工蓋
「農學院研究大樓」而民國66年大樓建設完竣，而
待遷進時，顧院長已離開院長職務，由森林學系劉

棠瑞教授繼任院務。由於四號館在當時農藝系的研究室和園藝系的研究室最多，劉院長希望其中一系移遷至新研究大樓，解決研究室空間不夠的問題，而移遷出去後的空間，就給留下來的系解決研究室空間不足的問題。四號館在原臺北帝國大學時有磯永吉教授主持的作物學研究室，和安田貞雄教授的育種學研究室，而園藝系則有田中長三郎教授的果樹研究室。照理講，農藝系應留在四號館，園藝系移遷至新研究大樓較順理成章。當劉院長徵詢園藝系移遷的意見時，園藝系表示不願意搬遷，讓院長十分頭痛乃轉詢我的想法。當時還在擔任系務的我，召開系務會議，徵求教師同仁的意見，結果大多數的老師表示可以考慮搬遷至新大樓，另謀農藝系的發展。因此我去見劉院長，並提出兩點要求，其一是要把研究大樓的裝潢，繼續向校方爭取經費，施工完成教室與研究室，實驗室內實驗檯，藥品、儀器收藏櫃，圖書館書架都要完成以供師生利用。再則是希望簽請校方把研究大樓改稱「農藝館」。劉院長非常幫忙同意辦理，因此待內部裝潢完成時，除部分生物統計組的老師以外，其餘的老

師就往「農藝館」移遷，蹈出農藝系嶄新的前程。

◉ 系主任時發生的最大憾事

臺大系主任的任期當時是一任三年，最多續任一次。當我續任的最後一年，也就是民國67年5月16日，恩師顧元亮教授因惡疾，併發肺炎，治療罔效仙逝，享年七十，而這是我兼系務期間發生的最大憾事。

顧老師字叔明，民前夏曆3月18日生，江蘇武進人，於民國20年6月南京金陵大學農藝學系畢業，獲農學士學位，畢業後留金陵大學任教，民國29年任西北農學院副教授，抗戰勝利後，重返金陵大學執教。民國37年9月，獲獎學金赴美國，入康乃爾大學研究所，研究作物育種，翌年榮獲碩士學位。時值大陸山河變色，顧師乃逕自美來臺灣，應聘國立臺灣大學農藝系為教授。在臺大任教期間，先後兼農藝系系主任七年，農學院院長暨附設農業試驗場場長七年，並籌辦臺灣農業研究中心，創設人工控制氣候室，以及任臺大教務長三年，教學、研究、行

政兼顧，充分發揮領導之才能。

　　我在民國39年進臺大農藝系，在四號館第一次遇見身材高大、身著海軍色西裝、健步如飛的顧老師，印象很深刻。到大三，上顧老師的「特用作物學」更深深感佩老師講課的風度，不但更認真地聽講和做筆記，也逐漸增加對農藝的興趣。回想從預備軍官結訓後，給我機會回母校服務，到從日本東京大學博士課程畢業獲頒農學博士，返母系任教以來，都承顧老師的關照，突然接悉噩耗，情實難堪，由於故顧老師，時任考試院考試委員，治喪事宜由考試院主辦，總統蔣經國先生頒輓額「績學貽徽」，治喪委員會、考試院、考選部、銓敘部、國立臺灣大學農學院，均參加公祭，而國立臺灣大學農藝學系則由我率全系師生致祭於顧故教授叔明先生之靈，謹崇此祈恩師冥福。

◉ 故顧老師留下的工作

　　故顧老師，在生前接受商務印書館中山文化基金會，彙編中正科技大辭典，為農科主編，自己負

責作物育種學篇，幾已完成，但尚未附印，病中，仍以未竟之工作為念，其敬業精神，足堪敬佩。故顧老師仙逝後，幸賴商務印書館，改聘盧教授守耕為農科主編，以竟編撰之事，盧老師乃吾農學界最受敬愛之長者，學識淵博精深，就本人主編之「農藝作物分科」稿，數月內審畢，於民國68年3月附印出版，乃得以聊慰故顧老師在天之靈。

◉ 健康亮紅燈

　　系務除了每學期課程的安排，授課教師的配合或新聘，導師的分配，研究所碩士論文，博士論文校內校外的審查委員的聘請，都是基本的工作外，召開主持系務會議，出席院務會議，校務會議也是必須親自辦理或且是參與的事。而附設農業試驗場農藝組主任也是必須要兼的職務。因此再擔任校外的評議委員職務，其繁忙的程度，實在是難以想像的。

　　有一年參加嘉義農業試驗分所的水稻新品種命名審查回到臺北後，有好幾天食慾不振，胃腸總

覺得消化不良。抽空到醫院就醫，經做胃腸X光檢查，醫生診斷是罹患了十二指腸潰瘍病，然後再加一句，就是工業社會病，工作忙，沒有按時休息或攝食，即容易患這種毛病。所幸調養一陣子後逐漸好轉。

◉ 第一位國家博士的誕生

　　雖然過著繁忙的日子，但是我從來沒有放鬆研究工作。民國65年6月，由我指導的農藝研究所博士班學生侯清利同學，順利通過校內博士論文口試以及教育部的口試，獲頒國家博士，是農藝研究所榮獲國家博士的第一位。侯君畢業日本國立農工大學，獲頒農學修（碩）士學位，回臺後考上國立臺灣大學農藝研究所博士班，在本人的指導下，努力做論文實驗，完成「水稻根部生理特性分化之研究」，發現日本型水稻與印度型水稻，對水田栽培環境生理、生態特性反應之不同的重大現象，提供今後包括臺灣及熱帶、亞熱帶地區，水稻生產改進的重點至令人欣慰。

◉ 國外研討會的參與

　　科技的發展日新月異，因此，除了國內校際研討會交流心得外，把研究成果，利用國際研討會報告，與外國學人交流也是很重要，曾獲國科會及其他單位補助，而赴國外參加研討會的國家有日本、荷蘭、瑞典、美國、韓國、南非共和國以及義大利等國。因能獲第一手的研究成果資訊，對回國後，教學與研究上有很大的幫助。

◉ 國外大學的訪問研究

　　教育部有給國立大學，任教授滿七年的教師，依申請可獲得一年帶職進修的機會。我曾利用這個機會，訪問下列大學，即日本國立名古屋大學、美國夏威夷大學（Hawaii University）、日本國立農工大學、美國愛達荷大學（Univ. of Idaho），進行三個月至半年的訪問研究，對訪問大學的特色與研究方向的了解，收穫不少，對回國以後的教學研究改進，更是獲益不淺。

◉ 繼侯君後的博士班研究生的成就

　　我在臺大農藝系的研究工作，得研究生的協助最大，繼侯君後，前後完成國家博士學位的有張新雄博士、蔡養正博士、劉麗飛博士、蔡新聲博士、成游貴博士及戴國興博士。而廖麗貞博士、吳璀谷博士與楊金昌博士，畢業的時候，教育部的口試已停止辦理，因此通過校內口試，即獲頒博士學位。這些學生都在各自的教學或研究上工作兢兢業業，貢獻社會，令人欣慰不已。

◉ 獲獎與榮譽

　　在國立臺灣大學農藝學系從事教學與研究將近三十載，研究成果大多公表於國內外學術季刊，或出席國內外相關學會發表，努力提升我國的農業科技學術水準的國際化，曾榮獲行政院國家科學委員會頒發研究傑出獎與優等獎多次。

　　民國82年，再獲中華農藝學會頒獎，可謂最大榮幸，謹錄下該獎賀詞於下：

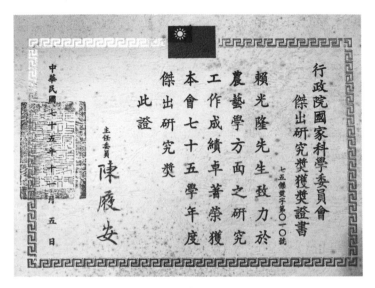

行政院國家科學委員會傑出研究獎

「本會常務理事賴光隆博士，任教於國立臺灣大學，致力於農藝科學研究已達三十餘年，特別在水稻生理、生態及作物原生質體應用研究上頗爲積極，發表的論文及專書多篇，提供學術上極有價值的參考智見，曾榮獲教育部頒發教學特優獎及前行政院國家科學委員會傑出、優等研究獎多次獎項，並屢次蒙國際學術研討會邀請專題演講，在培養碩士班、博士班及高級研究人才方面亦表現特別傑

出，接受指導而完成學業者多達三十多位，又歷任原臺灣省政府農林廳、菸草試驗所、臺灣糖業研究所資深評議委員，對臺灣水稻、甘蔗、菸草等重要作物的研究、改良、推廣上提供極寶貴卓見，其學術上之成就，堪為農藝界之表率，特予表揚。」

——理事長李成章1993年2月10日

校外服務工作

◉ 擔任校外試驗研究機構評議工作

因在臺大教學研究的成就，曾受聘請擔任原臺灣省農林廳農業試驗評議委員會委員，菸草試驗所評議會評議委員，糖業公司糖業研究所評議委員會評議委員，參加各該單位的試驗研究計畫，及執行成果的評議及建言。

◉ 參與水稻育種小組工作──水稻的改良與命名

前臺灣省政府農林廳，鑒於水稻對臺灣農業生產的重要性，除了評議會外，另設水稻育種小組，企圖加強水稻新品種的育種改良，增進稻米的品質的改良與單位面積的增產。小組內聘請農藝、土壤肥料、植物病、蟲害專家及各農業改良場負責水稻

育種工作人員為小組的成員，研討如何改進臺灣水稻育種的問題。而如有新品種的命名，則召開新品種命名審查會，就各農業改良場、農業試驗所或試驗分所提出命名的新品系予以審查命名。通過命名的水稻新品種則報請原臺灣省政府以公報公告，開始推廣生產。這個就是我參與時的水稻新品種命名的程序。新品種的名稱冠以育成場所的名稱如臺中65號、臺南5號或臺農67號等；臺中代表臺中區農業改良場，臺南代表臺南區農業改良場，臺農即代表臺灣農業試驗所。

　　我在民國57年返回母系任教後不久，即受聘為原農林廳評議會評議委員，並以農藝專家參加水稻育種小組，曾參加臺農67號的命名審查，直到臺梗16號的命名。臺灣育成的水稻自從日本時期均冠以育種場所名稱，後來改為日本型水稻便冠以臺梗例如臺梗1號，印度型的則冠以臺秈例如臺秈1號，現在又改冠以育成場所如臺南16號的命名。

與學生的互動

◆
◇

　　為了給我祝賀八十八歲的米壽，磯永吉學會特別邀請了我的昔日門生與往昔的同事撰寫一些跟我相處的生活點滴，並從《米報》第26期開始刊登。特別節錄下來，並感謝他們的心意與祝福。

與學生歡聚

研究生涯的啟蒙老師——賴光隆教授

※撰文／蔡養正教授

◉ 因緣

　　說來也是緣分，我在大三那年（民國58年）暑假，有感於畢業在即，除課程之外，非多學一些額外農藝技能不可，經賴老師同意進入賴老師研究室，開始學習作物組織培養基礎入門，此為日後研究結緣的楔子。大學畢業服役結束後進入研究所碩士班，終於在民國61年正式成為賴老師指導的碩士生，從此奠立了研究生涯的肇始。長達十餘年在賴老師研究室共事下，也因此深深領略並見證賴老師做學問的態度及風範。

◉ 致力於系務發展

　　民國61年正逢賴老師執掌農藝系主任及所長，每天忙於教學研究和系務。特別是有感於系內教授陣容不夠堅強，賴老師用盡心思到國外網羅聘請卓

越系友回國任教或擔任客座教授，大大提升系的研究與教學水準，也奠定日後農藝系更堅強的師資陣容，讓優秀的畢業生願意到農藝研究所繼續深造。自此農藝系在教學與研究上跨出一大步，功不可沒。

● 栽培與提攜後進

　　民國57年，賴老師自日本東京大學榮獲博士學位後，毅然回國進入臺大農藝系擔任教職，至民國86年屆齡榮退。在三十年左右期間除教授農藝系重要核心課程外，並指導研究所碩、博士生完成學位，且均有優異的成就，例如侯清利博士（嘉大教授退休）、蔡新聲博士（農試所退休，現任朝陽科技大學講座教授）、張新雄博士（國科會駐外科學組組長退休）、劉麗飛博士（臺大農藝系教授退休，現為臺大農藝系名譽教授）、成游貴博士（畜產試驗所退休）、蔡養正博士（臺大農藝系教授退休，現為臺大農藝系名譽教授）、戴國興博士（屏科大教授退休）、廖麗貞博士（高雄師範大學生技系教授）、吳璀谷博士（加特福生技公司副總經

理）、楊金昌博士（美國高級研究員）。此外尚有：呂宗佳、蔡養正、劉麗飛、李承榆、陳玄、陳淑燕、王長瑩、林勝才、陳烈夫、洪信慧、廖麗貞、陳彥雄、李超運、吳璀谷、趙先平、黃怡君、楊金昌、劉嘉佩、陳怡樺、張芳銘等多位碩士生，均在賴老師指導下完成學位，職場工作上表現極為優異。該等授業學生能有如此優異表現，完全要歸功於賴老師的引導與教導，讓我們在此同聲向賴老師大聲說出「謝謝賴老師花費心血的提攜」。值得一提的是，在賴老師極力的提拔下劉麗飛教授與我才能進入臺大農藝系擔任教職，深深的影響了我們的一生及我們的家庭。

　　回想與賴老師共事的那段歲月，雖然忙碌但也學到許多寶貴的經驗，對自己日後的教學研究及協調能力均有極重要的影響。賴老師除教學指導研究生外，並年年執行國科會、農委會研究計畫，均獲致相當具體的成果。真可謂桃李滿天下，著作等身，不愧為大師級老師，榮退後經校方聘為終身名譽教授，真是實至名歸。

劉麗飛教授（右）

米壽論文集發表會與研究生合照

◉ 創立人工氣候室運營

　　除上述重要教學研究外，值得佩服與稱道的是尚有如下的貢獻，賴老師回國後曾參與人工氣候室的設立及管理上的督導，該項設備對於國內氣候環境的研究極為重要，經申請利用該項設備研究後發表的論文不計其數；同時亦曾兼任臺大農業試驗場副場長，襄助院長（兼場長）掌理農試場的管理與運作，對支援農學院（當時尚未改為生農學院）的教學與研究，作出極大的貢獻。其他在校內的服務極多，無法一一敘述。

◉ 貢獻農藝於社會

　　賴老師在臺大重要的工作已如上述，而對於校外的服務亦無法細數，僅就本人所知列舉如下，多年來擔任國科會以及農委會計畫的審查委員，並受聘為農林廳、臺灣糖業研究所及公賣局菸葉試驗所等評議委員，榮任中華農藝學會（現已改名為臺灣農藝學會）會長，特別是曾受聘擔任菲律賓農業諮

詢顧問。

　　目前仍經常被邀請為磯永吉學會活動時特別演講教授，講述有關磯永吉博士事蹟及蓬萊稻育成的歷史過程，為傳承後世作出極大貢獻。

● 後語

　　由於賴老師的大師風範不但表現在教學、研究與農業的卓越成就上，而對自身兒女的栽培成果也是相當不同凡響，目前女兒、女婿甚至孫輩亦有相當成就，實在是我們這群受業學生的最佳表率與學術界的典範。

　　茲因磯永吉學會邀稿撰寫有關授業學生與老師的互動關係，特僅就記憶所及重點描述，疏漏難免，尚望恩師見諒。回想在臺大農藝系自大學部學生、研究所碩士、博士生，一直到擔任教職及其後出國研究，可以說在受業學生中與賴老師相處的時間最長，受恩師的教導也最殷切，這一路走來在在均能感受賴老師在教學、學術研究的態度，解決問題的圓融以及校外服務花費的心血，與工作的

認真。

　　細數歲月走過的刻畫軌跡，格外顯示賴老師一生的非凡璀璨，也是後學者的一大亮點。希望藉此典範促使農業發揚光大，實現賴老師衷心的一生職志，此時此刻願與所有受業同學們一起恭祝恩師及師母身體康泰，天天開心。

我與賴光隆老師

※撰文／張芳銘先生

◉ 師生的緣分

　　第一次和賴老師接觸是在大四上學期，當時必修課程較少，因此想選修一些通識課程（營養學分），課表的「植物與糧食」（Plants and Food Production）映入眼簾，吸引我的目光。

　　查看上課時間及地點後，準時到教室就座。助理將教材、投影機放到講臺和預設位置，然後一位身材中等、行動穩重，帶著圓眼鏡的和藹慈祥爺爺

（長者），開始向學生們講授課程大綱、目標及要求。本來心想這是通識課，隨便聽聽就好，但在兩個小時的課堂裡，引經據典、旁徵博引之下，充分展現出紮實淵博的學識，相信當時上課的同學都會感到收穫豐碩。自此開啟日後我成為賴老師研究生的緣分。

◉ 啟發創造思考

　　碩士班生活緊湊而忙碌，除平常日須上課進修外，研究室試驗進度亦須按時向老師報告。研究室各項基礎試驗訓練及實驗器材使用，當時均由研究室博士班學生楊金昌學長指導，至於試驗研究題目及方向則由老師掌握。老師的指導重視「教學過程」，希望透過學習過程讓學生創造思考，從中獲得個人啟發。記得碩士畢業那年，農藝學會年會在中興大學舉行，老師囑咐我不須參加，專心將試驗田區調查數據整理完畢。年會之後老師找我討論並檢視已整理的數據，結束之後好像有意考驗似的跟我說，「一個月後口試」，論文方向以「人類利

用」作為重心，希望盡快完成論文撰擬；聽完當下非常心慌，因為前言及前人研究均尚未完成，好在平常對相關論文及研究資料已蒐集齊全，從此每天生活在研究室，一天當兩天用，盡力閱讀、分析、整合論文的撰擬及登打，終於在口試前五天完成論文稿撰寫，後來也順利通過口試，而且是同屆同學中最早取得畢業資格者。

◉ 待學生如家人

　　老師及師母待學生就像家人般，無論學生時或畢業後多年，回校拜訪都有這樣感受。總是在話家常的同時，順便關懷我及身邊重要親人現況，讓學生感受到老師的溫暖。老師自稱為「在田埂想事情的博士」，喜歡到田間實際觀察啟發各種研究，以結合理論與實際的需求。記得學生時代，老師知道我來自南部農村，就表示有興趣想到我家拜訪參觀。當時心裡只覺得老師只是一時興起，並沒有特別把它放在心上，然而在畢業後十年的某天晚上，老師來電告知正下榻在嘉義他女兒家中，隔天假日

可順道到我家拜訪，我欣然表示歡迎。隔日老師、
師母偕同女兒及外孫一道來訪，除參觀我家周圍環
境及芒果園外，亦與父母及家人閒話家常，聊聊農
作生產經營情形、農產品運輸過程及其他Ｈ常生活
狀況。期間老師感覺家母走路姿勢走樣（家母長年
事農，膝關節疼痛已有數年，期間雖曾嘗試相關醫
療，惟仍無法解決），試探性詢問家母後，表示他
女婿為嘉義某醫院膝關節中心主任，可協助治療，
嗣後經過兩次開刀及復健，家母已恢復健康，並重
拾久違的生活品質。

臺大校園杜鵑花盛開時

◉ 祝福老師

　　時間飛快，畢業學校距今已屆二十年，原來身材魁梧、志氣昂揚的我，現在則膀大腰圓、大腹便便。歲月的淬煉多了生活的感觸及人事的體悟。回首學校生活的人事物，原來是這麼美好，自忖更應好好珍惜這一切。在回老家探望長輩感受到長輩欣慰的同時，也會想到應去探望已屆耄耋之年的老師及師母。師母近年罹患失智症，日常生活照護均由老師親自打理，對於一個八十幾歲的老人而言，可謂辛苦。願老師及師母每天健健康康，快快樂樂。

愛達荷的美好回憶

※撰文／胡凱康教授

◉ 學者的威儀

　　民國63年我初入農藝系的時候，賴光隆老師是當時的農藝系系主任。對於一個看慣軍服與中山裝

的毛頭小子而言，長年穿著全套筆挺西裝的賴老師那種學者的威儀，在我心中留下不可磨滅的印象。往後的時日裡，不論是在課堂內還是課外與賴老師的接觸，都一再印證了他那一絲不苟的特質。

那時大四的專題討論課程都是由系主任主持的，記得在上學期第一次上臺報告時，有一位同學因為怯場而故做輕鬆狀，又比預計時間提早了五分鐘結束，結果在最後講評的時候受到賴老師相當嚴厲的訓誡，下課後還要勞眾同學圍著好言安慰一番。

◉ 嚴謹來自尊重與堅持

民國67年我再入農藝系研究所攻讀碩士，賴老師剛剛卸下系主任的重擔。在那個時候的碩士班作物組，作物生理與遺傳育種還沒有教學分組，主修遺傳育種的人，對於作物生理相關必修課程當然都是頭痛萬分。但是在大學部時留下的記憶讓我一點都不敢輕忽，也順利修習通過賴老師講授的高等作物學。不過也就是在那個時候，開始體會到賴老

師的嚴謹，其實是出自於對學術與教學的尊重與堅持。

◉ 美國愛達荷大學的巧遇

　　真正見到賴老師在課堂外真實生活中的一面，是在民國75年的夏天，那時我已經帶著家小在美國華盛頓州立大學進修三年。美國西北各州並不是一個留學的熱門地區，所以可以想見我們一家在隔壁愛達荷州一間生鮮超市的停車場上巧遇賴老師與師母的驚喜。後來才得知那一段時間，賴老師是到愛達荷州立大學進行休假訪問研究。鄉下地方沒有什麼景點或是藝文活動，唯一能做的就只有帶老師與師母跟我們一家去河邊公園野餐釣魚。就在那幾次的遊釣活動之中，我看到賴老師卸下平日的矜持，為完美的拋擲露出笑容，在釣中魚的時候鼓掌歡呼，完全表現出隱藏在嚴謹外表下的赤子之心。兩年後我有幸回國任教，幾次在農藝館遇到賴老師，他都還對於那幾次的遊釣活動津津樂道，露出像赤童一樣的溫暖笑容。

◉ 為老師祝壽

這就是我所認識的賴老師，在學術上嚴謹，在教學上認真，在生活上充滿好奇心，能夠欣賞不論大小的美好事物。回國任教三十年，不敢期望能有與老師一樣的成就，但是老師面對工作與生活的態度，一直都是我想要效法的榜樣。民國108年適逢老師八八米壽，謹在此記敘當年的一段因緣為老師祝壽，並祝福老師有一個充實圓滿的人生。

農藝系遷館之回憶

※撰文／彭雲明教授

◉ 新系館醞釀新文化

在教職生涯中每年都受邀參加系學會的送舊活動，民國68年的那次是我印象中最深刻的一次。雖然都已歷經三十九年了，一些活動的細節至今仍歷歷在目。那次活動的場地是在一所教會的大廳堂

（很可能是改建之前的懷恩堂），主辦活動的是當時的三年級。有別於以往的是當晚的食物是班上同學自行烹煮從家裡攜帶過來的，而且晚餐後的表演節目有不同年級的學生共同組隊編劇演出。其中有一齣好像是白雪公主與七矮人，就是由大三以及大二的學生共同組隊演出。這一點是非常的獨特，有別於以往各個年級自行組隊演出，這齣劇是兩個以上的年級混和組隊演出。我正在驚嘆這種混合組隊的表演，坐在我左手邊的曾美倉老師，也讚嘆地說：「新的農藝系館提供以往所沒有的互動空間，醞釀了新的文化。」他的話讓我頓時開悟。

◉ 賴主任主導新館規劃

　　農藝系是在民國66年的暑假從四號館遷移至學生活動中心旁邊的新系館。當初規劃搬遷的正是當年的系主任賴光隆教授所做出的重要決定。當時的農學院院長劉棠瑞先生，鑒於四號館的空間不敷使用，希望藉由新建的館舍來滿足師生的需求。在協商遷館之時，園藝系表達了留在原館的決定，所以

新館預訂由農藝系遷入。因此在開始興建前，賴主任即主導未來新館的空間規劃。所以現今大家習慣的空間配置，亦即指導教授跟研究生相處的空間，以及研究室與實驗室隔著走廊相對應的空間配置，都是當年賴主任參照東京大學的館舍而設計的。新的系圖書室空間寬廣，方便師生在館內閱覽。同時史無前例地設置了學生研習室，提供給系學會使用。相對於四號館的空間配置，這棟新館的空間配置大幅度提升了師生之間的互動，以及不同年級學生之間的互動。遷館後的兩年，新的學生文化已經在送舊的表演中呈現出來。

◉ 四號館空間不敷使用

　　四號館在臺北帝大的時代，容納了五個講座，其中農經講座與園藝講座在傅斯年校長的任內改為農經系與園藝系，其餘三個講座：作物學講座、育種學講座、工藝作物講座則合併為農藝系。據園藝系康有德教授的敘述，四號館曾經一度因為三個系的師生人數膨脹，而不得不將穿堂改變成上課的教

室。所幸民國53年洞洞館落成後農經系遷出四號
館，所留下來的空間讓給農藝與園藝兩系使用。我
在民國59年入學時，課餘空堂時間大多窩在四號館
東側二樓系圖的閱覽室，或是西側一樓的農學院第
一實驗室。這兩個空間都不大，也不常接觸到上一
屆的學長姐或是下一屆的學弟妹。

● 緬懷賴老師的創舉

在農藝系新舊教師世代交替之際，賴老師在系
主任任內的創舉，除了創設人工氣候室、積極招募
新教師之外，還做了重大的遷館決定，替系上開啟
新局面，塑造嶄新的師生互動文化。在他八十八歲
的生日前，我不揣文筆簡陋，敘述這段如今鮮為人
知的往事，讓大家共同來緬懷賴老師的創舉。

與賴光隆教授三十四年師生情

※撰文／廖麗貞教授

◉ 另一個爸爸

與賴光隆教授三十多年師生情，點滴在心頭，無法用筆墨加以形容。因而，自去年收到彭雲明教授的邀約，開始思考如何描述賴老師在我生命中的地位與重要性，總是千頭萬緒而作罷。今年彭教授再次提醒，儘管手拙，還是提筆說說這三十多年來賴老師在我內心的位置。

簡單的說，賴老師是我另一個爸爸。或許是我畢業後一直擔任教職的關係，我至今在教學與指導研究生時，仍時常想起賴老師對學生研究內容的尊重與嚴謹的指導態度，隨時警惕自己。

◉ 尊重與鼓勵

其實我在碩、博士論文研究的時期，總是覺得賴老師沒有時間深入了解我的實驗內容，所以放任

我自己以或許「不科學」的方法去解決所有問題，私底下怨言不斷。等到我畢業，當了大學老師，指導了研究生，又參與科學教育研究與推廣，才發現賴老師應該是耐著性子，保留給我嘗試錯誤的自由度，只會在關鍵時刻給我精準的建議。同時，他讓我知道他相信我，支持我所做的任何研究，這種尊重與鼓勵學生的指導方式，必須要有極大的耐心，是我在指導研究生時，一直無法達到的境界。然而這種學習過程，給了我強大的問題解決能力與挫折忍受力，是我在職場上勇往直前的基礎。就如同我即將畢業時他所說的，他不會幫我找工作，因為他已經給了我一張通行證（passport）——畢業證書，相信我以後的工作會一路順遂。

◉ 指導論文與實驗

　　說到我是如何進到賴老師的門下，還真要感謝蔡養正教授的幫忙。因為當時到臺大念研究所其實不是我人生規劃，因而大學畢業的那個暑假，就在補習英文混日子中度過，等到開學註冊時，我才出

現在農藝系館。在前往系辦公室的樓梯間遇到蔡老師，他熱心帶我到賴老師研究室，就這樣決定了我的指導教授。

進入賴老師門下之初，就跟著洪信慧學姐進行栽培菸草供原生質體的分離與培養，一學期後基本的操作總算可以上手。期末就收到賴老師給我的論文題目：「菸草原生質體融合」，這張我至今仍保留著的便條紙，讓許多人都取笑我，認為這是一個天方夜譚的論文題目。說真的，當時的我還真像「七月半的鴨子，不知死活。」並不覺得這題目有多離譜，隔天就到系圖去找研究報告，開始我的科學研究處女作了。

然而，進行兩個野生種菸草原生質體分離與培養時，就沒有想像中順利。印象比較深刻的是，跟賴老師討論原生質體純化條件時，他忽然問我：「離心後，離心管的上層、中間、底層與沉澱物分別是什麼狀況？」我當場傻眼，有種被雞蛋裡挑骨頭的心情。但賴老師說，應該每次離心後，都要用顯微鏡觀察並繪圖記錄。其實剛開始我是抱著應付他的心情，照他的指示離心後才發現，不同種菸草

的原生質體大小與比重並不相同，必須微調離心速度與時間，才能收到大量完整且大小均一的原生質體，後續的研究才得以持續。

　　另一個讓賴老師等待很久的實驗是，我博士班時用土法煉鋼的方式純化菸草的葉蛋白，並混合佐劑打到實驗大白兔的皮下，去誘導葉蛋白抗體的產生。雖然純化了血清，也收到體細胞雜種的葉蛋白，每天都覺得只缺臨門一腳就可以完成，著實沒日沒夜的忙了兩年，但最終的等電點電泳，卻一直沒有好的結果，終於賴老師忍不住了，要我先整理博士論文畢業。雖然賴老師要我持續把它完成並發表，但畢業後隨即投入教職，當時的任教學校設備嚴重不足，就只能讓它逐漸從心中消失。至今，每當看到書櫥內當時的實驗記錄本，都覺得有些歉疚。

◉ 莫忘初衷

　　畢業後，我的工作就像賴老師說的，堪稱一路順遂。但在文化大學任教三年後欲轉校時，他非常不贊同我放棄已被成大錄取的機會到師範體系的學

校任教，認為這樣一來會浪費我的專業研究能力。後來礙於家庭壓力，終究我還是沒有聽取老師的建議，轉到高雄師範大學科學教育研究所任教。到職之後才發現科學教育真是截然不同的專業，只好努力自學以應付教學所需，同時，也確實讓我的農藝專業研究暫時停止，因為在當時，連一臺儀器也沒有，無法做任何實驗研究。雖然我沒有聽他的話，但每次北上探望賴老師，他還是不斷提醒我莫忘農藝研究專業，應該要克服萬難建立自己的研究特色。所以經過努力撰寫申請生物系計畫，以及高景輝老師的幫忙，先成立了生物科學研究所，繼而籌設現在的高師大生物科技系。

　　在擔任兩個草創系所主管的八年期間，賴老師亦不斷提醒我的職責所在——身為一個主管，最重要的任務是幫系上的老師爭取經費建置研究儀器設備，老師們才能爭取計畫經費，重視研究與指導學生，幫助系所成長。我謹記在心，即使在民國108年8月又回鍋擔任系主任，還是莫忘初衷。

◉ 影響我的人生觀

從臺大農藝所畢業已二十八年，每回去探望賴老師與師母，他們對我和家人的關心未曾間斷，尤其老師總要開車載我們去吃飯，我真的很享受跟老師一邊吃飯一邊聽他說「農業」。近年來師母的身體狀況大不如前，看到老師對師母的疼愛與體貼，牽著師母相視而笑，餵師母吃東西，疼惜之情溢於言表，雖然心疼老師的勞累，但每個人都要面對自己的人生課題，老師的一言一行在在都影響我的人生觀。

◉ 教育的典範

面對科學研究日新月異，相關的科學知識與生活技能瞬息萬變，身處教育第一線的教師在教學時，常會思考是該直接給孩子魚吃？或給釣竿讓他自己學會釣魚？現在，這些傳統的教育思維已不適用了。因為今日所學的技能，明日可能就過時了。所以應該要從教他新的知識技能，轉換為教他學習

新知識與技能的方法，更重要的是要讓他擁有終身學習的飢渴態度，亦即挑起孩子想吃魚的慾望，讓學生因為需要而學習，才能保有持續學習的熱情。回想起來，早在三十多年前，賴老師就用這種所謂的飢餓學習理論教導我，讓我在職場上面對截然不同的專業領域，仍能保有堅定的學習熱情，使我無論在生物與科學教育的教學及推廣上，都可以得心應手。因而，賴老師的教育典範，我一直銘記在心中。

一位嚴肅又溫暖的長者

※撰文／王長瑩（農糧署東區分署前分署長）

◉ 對老師的印象

回想四十一年前，我頂著清湯掛麵的頭髮從南部北漂到臺大農藝系報到時，賴光隆老師是當時的系主任。儘管系辦公室職員，以及系上老師、學長、學姊，對新生百般照顧，但我這個從南部來的土包子，還是不免覺得系主任看起來很嚴肅。

後來，上了賴老師的作物學，對老師在作物形態上的講解，一手漂亮的板書，以及隨手畫出的作物解剖圖，留下深刻印象。就這樣，念碩士班時，在高景輝老師的引導下，進入賴老師研究室，有機會追隨賴老師做了兩年的研究。然而在畢業後與老師的多年互動中，也才更了解老師除了作學問的嚴肅面外，更有其細膩溫暖的心。

◉ 實作精神

猶記得唸書時，老師規定每周都要報告研究進度和讀書心得，很有壓力的！而且，老師特別強調實際在田間的試驗和調查。我每天得泡在水田裡標示並記錄水稻植株每一片葉片的生長；還得經常和助理通力合作，挖斷幾把鏟子才能把田裡整棵水稻或芋頭的根系，完整的挖出來；對我這都市長大的人，全都不是輕鬆的事。還記得賴老師經常以「別人不想作或者不能作的試驗，正是我們最好的研究題材」這樣的話，用來鼓勵我和助理，要堅持、也要能吃苦。

這種追求實作的研究方式，對我日後的工作態度也造成影響。我縱然從事的是農業行政及政策相關工作，也堅持要藉各種機會，以各種方式，儘可能深入去了解現場的實際操作方式以及基層的問題所在。分析事情的時候，務必要言之有物。

◉ 關心農業發展

賴老師除了專注試驗研究外，也關心臺灣和世界農業發展情況。我離開學校後，經高考分發至前臺灣省政府糧食局工作；隨著精省、組織改造等時局轉變，我的工作單位改制為行政院農業委員會農糧署，因而我一直都從事與稻米產業發展以及農業政策的相關工作。在職期間，每年我都寄農業統計的相關出版品給賴老師參考，有時候糊塗忘記寄了，老師還會提醒我。也因此，我常常和辦公室同仁分享這事情，也告訴年輕的同仁，進行農業調查和統計要認真確實，因為有很多關心農業的學者，需要用這些數據來擘畫未來的農業方向。而且賴老師極為細心，收到我寄的出版品或物品後，總會親

筆回信。每次收到老師的親筆信，看到老師的書寫
仍如同四十多年前的板書一樣工整，知道老師身體
健康，就覺得很開心。老師也常在信中關心我的工
作情形並給我鼓勵，尤其是我派駐在花蓮工作期
間，收到老師的信函，格外感到親切溫暖。

◉ 終身為師，樂於分享

　　賴老師退休之後，仍然相當關心稻米及農業的
相關研究與發展，而且運用科技方式了解新知。兩
年前，我在臺灣農學會服務的時候，聽老師提到，
想把他以往的研究成果發布在 RESEARCH GATE
上，讓大家可以很方便的在網路上查閱。我其實
是花了一點時間，才明白 RESEARCH GATE 的功
能。因為很佩服老師這種終身為師，樂於分享的精
神，我遂自告奮勇和農學會同仁幫老師將數十篇研
究報告，一一掃描成數位檔後，讓老師能上傳到網
站上。

◉ 誠心的祝福

　　念研究所期間，老師每年都會邀學生到家中餐會，對學生而言，那可是每年的大事。到老師家，除了那滿滿一整桌的佳餚令人垂涎外，也看到師母體貼溫柔的照顧老師和一家人，我心想，賴老師好幸福喔！近年來，師母需要人照料，老師不假手他人，親自細心照顧師母，真的令人感動。在此誠心敬祝賴老師和師母，身體健康，平安如意。

民國63年6月的辭行

※撰文／彭雲明（臺灣大學農藝學系、磯永吉學會祕書長）

◉ 前言

　　自大學畢業以來，至今約有四十五年的時光，有一件事情，偶爾會從記憶中浮出。這件事是一件極為平常的事，但是回憶起來感覺卻有點不平常。那就是我們三位同學結伴去向當年的系主任賴光隆

老師辭行的事。那次的辭行表面上是象徵著大學生活就正式的結束了。讓我覺得不尋常的是那次的辭行儀式其意涵不只是學業告一段落要離去。因為向老師辭行，似乎是多此一舉，不是嗎？在謝師宴結束後大家心中也了然，互敬一杯酒之後就要分別了，不是嗎？還有就是，為何不是對專題的指導教授辭行？至少跟著專題指導老師學習了一年，多少也像是師徒，不是嗎？還有就是畢業班的同學向老師辭行的就只有我們三位嗎？還是其他同學也各自去辭行？在退休後的人生裡，我回味此事，並在找一個答案，很可能是一種下意識的渴望，就是希望能跟老師建立師生情誼的渴望。就在辭行的那個時刻感覺賴老師接受了我們。

● 修業的尾聲

　　在民國63年6月8日的畢業典禮過後，班代表謝兆樞安排拍攝了一張團體照，同學與系上老師們合影留念。那張照片的意涵就是四年的大學生涯就到此全部結束了，畢業生要各自調整心情邁向未來的

人生了。在面臨離校之時，心中充滿了感觸，回憶起四年前的來時路，當年陌生的校園環境現在已經是每個角落都踏遍了。四年來人生大致上多多少少都有些成長，探索了幾個學習的領域，結交了同學與朋友，甚至也嘗試去交女朋友。唯獨一件事，沒有任何成長，就是師生情誼這件事是完全沒有的。比起在高中的時代，還曾經老師有過短暫的寒暄與交談。但是在大學裡，幾乎沒有互動。

　　在大學生活中師生互動，這絕不會是生活上優先的事，跟同學互動一起去看電影、郊遊、吃飯，或是一起開夜車準備期中考及期末考，這些事在生活上的優先順序永遠排在前面。但是面臨畢業離校時，缺乏跟老師的情誼這件事就瞬間就有感覺了。缺少了師生情誼，畢業之後若是再回到系上，將會懷疑自己是否曾經屬於這裡。

◉ 師嚴的時代

　　我在高中時，第一次離開家住在新竹，每個月回家的時候，總覺得很開心，父母親以及兄弟姊妹

都期盼著我回來。「回家」就是一個歸屬感。但是缺少師生情誼，畢業後就是回到系上，可能會感覺少了歸屬感。但是在將近五十年前，學生跟老師，互動情形甚少，除了成績極好的同學偶爾向老師請教些課業問題之外，難得聽聞有任何師生間的互動。一般的感覺是：老師們看起來都神情嚴肅，不苟言笑，似乎是在述說著：從事教學與研究是件嚴肅的事情，不是來跟學生聊天的。唯一的互動大概就是在走廊上相遇時的相互行禮致意，匆匆交會。在七十年代或是更早，師生關係一如父子關係存在著一條鴻溝，做兒子的對於父親心懷畏懼，連generation gap 這個詞彙也應運而生出現在七十年代。這個鴻溝有多深，在一封信中顯示無遺。

在七十年代或更早，電話是奢侈品，只有商家才安裝電話，在臺北市一般家庭，可能稍微普及，出了臺北市以外的其他地區，一般家庭的安裝率不高。人與人之間的通訊全靠書信，緊急通訊則依賴「限時專送」與「電報」。像是前述相約辭行一事，是李英全從臺北天母拍電報至桃園中壢給我的。書信往返，在當年是生活的一部分，其中一封

四十六年前的信透露出農藝系師生的鴻溝。在一封民國61年8月寄自臺南的信上，謝兆樞提到郭華仁他家中聊天時的感慨。文中敘述到：「……對咱們這老系真是心灰意冷……古典課程偏又碰上古典教授，真是地獄……」。這是當年快樂的大學生活的一個陰影，系上師長年紀偏高，超過八十歲者亦不乏其人。年輕的學子期盼在大學殿堂中接受老師的啟發與引領，幾乎是全數落空。

　　教育部雖在民國62年勒令超過七十歲之教師必須強制退休。當時我已經唸完第三年進入第四年。其實早在民國60年賴老師接任系主任之後，新一代的教師陸續在迎新與送舊的場合中露臉。但是由於沒有開設大學部的課程，我們一直到大學的第四年才接觸到新進的教師與新穎的課程，例如：族群遺傳學與統計生態學等。但是這些年輕的新進老師同樣也是一臉嚴肅，不太像是學生可以親近的。這種鴻溝的形成有其「師嚴而道尊」時代的背景，並沒有因為換了新老師，就填補了鴻溝。

◉ 寬容與幽默

　　人是在犯錯而被諒解之時，才會感覺被接受。在民國62年的夏天，當學期結束後，我的成績單上遺漏了一門課的成績，經向註冊組成績股查詢得知，他們持有的選課單上，的確沒有該門課的名稱，雖然我持有的一聯有填寫該課程的名稱，但是成績股不採信。我當下不知所措，心想辛苦了一學期居然落得沒有成績。成績股承辦人要求系主任出具證明。當時的選課單有三聯，學生持有一聯，成績股持有一聯，系主任也持有一聯。在大排長龍的註冊程序中，要填寫一式三聯的選課單。出了差錯全渾然不知。

　　當時的學生沒有人會想要去見老師當然包括系主任，既然事關自身的權益，我只好硬著頭皮到四號館二樓的系辦公室，向賴老師說明來意。他和顏悅色找出他持有的那一聯，寫了一張證明並交給我他持有的那一聯，要我交給成績股。就這樣解決了成績遺漏的問題。身為系主任的他，可能不時的會遭遇到類似這種丟三落四的學生，他以寬容的態度

來處理，還幽默地補了一句話，說是，還好他持有的這一聯沒有遺漏。這是件微不足道的小事，但是他的幽默對一個渴望跟老師建立情誼的學生，的確是意義重大的。尤其是在那「師嚴道尊」的時代。

◉ 辭行的回憶

在大學四年級修讀的選修課，例如：統計遺傳學、統計生態學，這些課程開拓了我的視野而不再侷限於作物學、作物育種學與生物化學，也似乎讓我預見到未來的方向。所以一心想著要讀碩士班。

一直到大四上學期結束時，生活的步調都沒有太大的改變，沒有預料到的是，最後一學期出現了巨大的變動，首先是開學後一個月的預備軍官考試（例行在3月29日青年節舉行），4月中旬的期中考試，其次是一個月後的碩士班入學考試（5月25日、26日），以及6月上旬的期末考試及畢業典禮。就這樣，大學生活在極端的匆促中劃上句點。幸運的是，預官考上了，同時碩士班也考上了。我們決定依循常規先去服兵役之後再回來進修。所以

感覺上只是短暫的兩年之後，即將回到系上繼續修讀碩士，是心有所屬的。這個可能是辭行這件事的起源，究竟是哪一位提起共同去辭行的，我已經不復記憶，可能是三位中的其中一位（李英全、謝兆樞、彭雲明），或是共同提出的。辭行是在有一天的上午，在系辦公室，跟賴老師說明來意是要辭行，先去服兵役兩年之後回來念碩士班。賴老師知曉我們特來辭行後，從座位上起身領首歡迎我們來辭行也祝福我們服兵役順利。師生寒暄幾句後即結束。

　　回憶起賴老師在民國60年的8月接任系主任，我當時念二年級，感覺他跟其他的前輩老師，年齡上有很大的差距，現在回想起來，當時應該是系上新舊教師交替的階段。在同年的8月之後，新的面孔陸續出現，吳邦藩、陳宗孟（民國60年9月出現）、鄔宏潘、林燦隆（民國62年5月出現）、林安秋、朱鈞（民國63年出現）。由於民國61年8月所有年長的教師都強制退休，賴老師代表了新的農藝系接受了我們的辭行。兩年之後，民國65年的9月，我們也都回來就讀碩士班，後來很幸運有機會留下來任教，跟賴老師從師生變成同事。

◉ 睿智的引領

　　民國102年3月，我們成立了磯永吉學會聘請賴老師來擔任名譽理事長。跟賴老師相處機會較多，像是朋友的關係，同年5月在學會成立之後的兩個月，賴老師在常務理監事會議上提出了重要的方向，就是主張以出版為主，要出版對於農藝這個行業有幫助的書籍才能彰顯學會的宗旨。這個建議對於正處於徬徨階段的新學會而言的確是睿智的指引。在這個方向的引導之下，同年的6月開始了電子期刊《米報》的發行，內容包含：稻種的故事、育種家的故事、介紹新的水稻知識等。至於實體書的出版也持續在進行：至民國107年6月一共出版三本書，分別是：民國105年5月的《米報文集》、民國106年6月的《蓬萊米的故事》以及民國107年6月的《稻香》。我們先從出版故事開始跟大家分享，未來幾年擬出版：《磯永吉追想錄》中譯本及補遺、《米人米事》、《蓬萊米談話》中譯本，並著手規劃出版專業性的書籍，如：《分子遺傳學家的故事》與《試驗設計》等。在民國106年《蓬萊米的故

事》一書出版之後，系友或是農藝界的同行以及社會大眾都給予學會相當程度的回應，顯示出賴老師在民國102年5月的指引深具智慧。

◉ 微禮慶米壽

在民國99年3月，校方責成農藝系要妥善整理系上使用的古蹟建物，即「舊高等農林學校農場作業室」，我們多方思索不知要從何處著手，在民國98年7月獲得市政府核定為市定古蹟之時，屋內堆滿了舊式的家具以及廢棄的實驗藥劑。歷經一年多的清運，並於民國101年在韓竹平小姐（當時的圖書館館長祕書）的建議之下籌備成立磯永吉學會，設法募款來進行古蹟活化的事宜。很幸運的在成立後不久，由名譽理事長賴光隆老師提出以出版的方式來做為古蹟活化的先驅事宜。如今已經歷了六年時光，目前全臺灣的各級圖書館以及農業改良機構都收藏了我們的出版品，對於我們的工作也有所認識，我們的工作也從古蹟活化開始，擴展成提升農藝這個行業的能見度，彰顯這個行業過去的貢獻，

也展望未來肩負起餵養世人的重任。我們希望能以學會成立六年來微小的成果來獻給賴老師作為88歲的米壽慶。也表達我們當年辭行時獲得老師祝福的感激之情。

◉ 後記

我的父親於西元1934年（昭和9年）畢業於臺北第二師範學校，之後在大龍峒的公學校任教了五年，在1940年（昭和15年）被日本海軍徵召擔任通譯。他在臺北的十年間，看到過也聽說過臺北帝大學生的種種事情，他不敢奢望有機會念大學，但是最好奇的是帝大師生的互動。由於帝大是講座制度，師生幾乎是整天生活在一起的，互動密切。所以我上了大學之後，偶爾會他被問起跟系上老師互動的情形。我都據實以告是幾乎零互動。尤其是大學一、二年級的時候，都是大班上課，像是：普通化學、微積分、植物學、等等幾乎沒有一門課是小班上課。甚至到了大學二年級的遺傳學都是兩個系合起來上的課，學生人數可觀高達八十人。大三的

生化課，學生人數更是驚人，遠超過一百人，唸大學其實就只是上課忙著抄筆記，下課後則各自散去。後來我進了碩士班唸書，他再度問起師生互動的事，我也苦笑，因為也幾乎是零，這一點令他滿臉都是困惑。

　　當然，現在師生的互動在各級學校都已經大幅度的改善了，師生的互動不但自然而且也頻繁。我撰寫這篇文章，主要是讓賴老師知道當年他當系主任之時，接受三位小夥子的辭行，他預祝我們服兵役順利，並期盼我們回來念碩士班，這對我們是有多麼大的意義，尤其是在那個「師嚴道尊」而師生零互動的年代。

　　註：本文所謂的互動，是指類似於現代的導生會之類的活動，師生在休閒的氛圍下談論課業的學習以及生活上點滴。像是孔子與學生在一起，問起學生的志向「盍各言爾志」就是我們當年期盼的師生互動方式。

展望年頭回看山頭

※撰文／謝兆樞

（臺灣大學農藝學系磯永吉小屋團隊、臺灣北部蓬萊米走廊推動聯盟）

◉ 民國107年臺大磯永吉學會年會後有感

磯永吉學會在民國102年成立，展望這些年頭，精神總召賴光隆教授曾經指引後輩未來的方向。而今後輩也輪番上陣，站上山頭，接棒續走行程。謝兆樞教授鄭重的說：不敢或忘，有巨人在山頭上，對我們永遠的期許。在八十八米壽慶的前夕，謹以此敬獻給賴教授。

6月30日，「臺大磯永吉學會」年會又在溫馨感念中結束；今年（民國107年）臺灣水稻育種界的大老楊遜謙先生的加註紀念版《稻香》一書重新出版。年會中楊老先生的錄影致詞，在在都讓我們在感動之餘，更是體會到五年來「臺大磯永吉學會」在眾人質疑眼光中，已經辛苦摸索出一條康莊大道了。我在《蓬萊米的故事》第九章〈八十九年後的新古典──中村種〉中，曾經因我們終於成功

將沉睡了三十年的百年古典名種復活時，慨然感歎道：「……三十年物換星移，臺大農藝系除了奠基作物科學的研究與教學之外，終於也行有餘力來承擔『治史』的重責大任……」讓這段歷史不能再被丟失。五年的成果，比諸臺灣歷史長河，實在微不足道，但這一起步，就是連結；我們更深切體會，冥冥中「故事之神」與「歷史之神」的牽引，源源不斷地為我們湧現意想不到的機緣與資料，期待我們的繼續努力。

◉ 回想

　　走下今（民國107年）年學會主題演講講壇，不禁回想到民國100年6月我剛從法國回來，生澀地加入團隊，跟著彭雲明老師、郭育任老師以及邢玉玫老師等，在我們的精神總召賴光隆教授的領導，上陽明山國家公園管理處開會、到竹子湖原種田下田，為著賴光隆教授所揭示這段重要歷史的扉頁──「臺灣北部蓬萊米走廊」從頭學習種植水稻、從頭聆聽賴教授口中的磯永吉真人真事。民國102

年3月「臺大磯永吉學會」成立，每年年會的主題演講，我們也都坐在聽眾席上，跟著教授回想九十年前，農藝學家、育種家絡繹不絕辛苦跋涉在「臺北高等農林學校作業室」（現在的磯小屋）與竹子湖原種田之間的「廊道」，肩負「餵養飢餓」農藝人的天命，努力突破蓬萊稻生長困境，心情跟著起伏－原來今天吾人每捧一碗精緻白米飯的背後，有著如此耐人尋味的傳奇以及「人定勝天，天亦有仁」交融的浩瀚恩典。

⦿ 期許

　　轉眼間才過了這麼些年，我們自己也輪番上陣在第一線的歷史文獻上，我們站在巨人的肩膀上，甚至站上了山頭，傳承了賴教授指給我們的方向，親自走在這條「廊道」上，接棒續走接下來的行程－我們寫書、出書、講主題演講；我們在竹子湖建立故事館、在原種田種下一季又一季的蓬萊米百年古典名種。我們的志工灌注熱情與美麗的語言，努力傳講賴教授交給我們的古老故事，感動著一個又

一個來參訪磯小屋參訪、路過原種田的遊客,分享他們說不完的恩典,讓歷史不再丟失。

每當我們聽到遊客的讚嘆:「……原來一碗白米飯的背後,米的世界是這麼豐富,有這麼多的歷史……」我們內心是澎湃但謙卑的、感恩的。我們相信「臺大磯永吉學會」會有更審慎樂觀的年頭,但是我們仍不敢或忘,有巨人在山頭上對我們永遠的期許。

謹以此自我期許的心情,敬獻給帶領我們多年的精神總召賴光隆教授。

第八章

從國立臺灣大學退休

民國 88 年 7 月，邀請菲國農業部長
安加拉先生（Sec. Agriculture Mr E.
Angara）訪華，考察我國農林漁業生產
技術與研究情形，訪問烏山頭水庫、
嘉南農田水利會，介紹我國農田水利
灌溉設施經營及維修技術，並對我國
農會組織、農產品運銷、農村金融、
農業技術推廣，做具體觀察，建立雙
方農業援助與交流的基礎……

應聘臺灣綜合研究院

◉ 推動中菲農經交流

　　民國86年2月，依照教育部教師屆齡退休辦法從國立臺灣大學退休離校。而於民國88年受聘臺灣綜合研究院顧問，赴菲律賓共和國馬尼拉市，協助該國農業技術改進工作。主要工作內容為1.協助增進我國與菲律賓政府與民間之友好關係，2.協助菲律賓農業生產與經濟之發展，3.於1999年7月，邀請菲國農業部長安加拉先生（Sec. Agriculture Mr E. Angara）訪華，考察我國農林漁業生產技術與研究情形，曾訪問烏山頭水庫、嘉南農田水利會，介紹我國農田水利灌溉設施經營及維修技術，並對我國農會組織、農產品運銷、農村金融、農業技術推廣，做具體觀察，建立雙方農業援助與交流的基礎。

　　為落實推動協助菲方農業經濟發展，駐在菲律

賓期間，曾觀察呂宋島農業生產實態，並積極收集菲方農業生產現況資料，訪問菲國農業研究機構，以及設於馬尼拉郊外的國際稻米研究所（即 International Rice Research Institute，簡稱 IRRI），分析菲律賓農業生產與技術現況，撰寫有關菲律賓農業改進的初步報告 1. A Preliminary Report on the Development of Agriculture in Republic of Philippines。2. A perspective for biotechnology on *invitro* Production of useful plants，給菲方農業部及財政部參考。

　　又面陳我國駐馬尼拉經濟文化代表詹大使，以農業技術援助菲律賓，加強友好交流之重要性。

馬尼拉市郊外國際稻米研究中心

推動「臺灣北部蓬萊米走廊推動聯盟」的回顧

　　民國100年3月10日，於臺灣大學農藝學系召開「臺灣北部蓬萊米走廊推動聯盟」籌設討論會，獲致結論為：共同推舉本人為推動聯盟召集人，且以梅荷研習中心（竹子湖蓬萊米原種田事務所）撥交儀式辦理之時間點，正式對外揭露臺灣北部蓬萊米走廊推動聯盟的夥伴關係的成立。

　　個人認為，日本時期竹子湖蓬萊米原種田稻作的貯藏空間，原種培育及學術研發基地，共同見證臺灣農業科技發展史中，蓬萊稻米的誕生。遙想當時相關農業單位技術官員，絡繹來回於竹子湖原種田及臺北農林學校之間，宛如穿梭於臺灣北部的蓬萊米走廊。這種歷史的走廊，是連接現代，通往希望的未來，為人類的永續生存，讓我們一起邁進農藝的康莊大道。

第九章

醉月湖畔的與子偕老

在日本，妻子在臺灣同鄉李醫師的診所
上班貼補家用。平時工作、照顧孩子
的事情已經相當繁重，加上家裡沒有
洗衣機，全家衣物的洗滌全要靠妻子，
尤其東京寒冷的冬天，雙手更是經常
被凍得發紅，但是她從來沒有抱怨過
半句……

鶼鰈情深

　　預官退役後，回臺大農學院附設農業試驗場工作，經友人介紹，與泳雪女士認識，當年我二十六歲，而她芳齡二十四。自中山女高畢業之後，便在臺北市自家經營的茶莊工作。

　　我們工作的地方，一個在鬧街，一個在偏僻的臺大農業試驗場。那時，臺大附近的瑠公圳和基隆路附近都還是田地，每當下雨時總是一片泥濘，我經常穿著雨鞋赴約，只是到了茶莊時雨也停了。看到沒有下雨還穿著雨鞋的我，我想，泳雪小姐內心也許會笑我是土包子吧！

　　那時，我們經常去西門町看電影，英格麗·褒曼 Ingrid Bergman、伊莉莎白·泰勒 Elizabeth Taylor 以及費雯麗 Vivien Leigh 等，都是我們很喜歡的明星。記得有一年到英格麗·褒曼的家鄉──瑞典，參加「植物根」的國際研討會，在街上看見的女士

加拿大 Toronto 市

美國史丹福大學

　們長相都神似英格麗·褒曼，直令自己驚嘆不已。

　　經過了一段的交往與相互了解的過程後，民國45年6月，我們在臺北市結婚，牽手走上紅地毯，也展開了相伴的人生旅程。

我們這一家

◆
◇

◉ 養兒女方知父母恩

　　民國46年，我們的第一個孩子誕生了。也許受遺傳學概念影響，我認為孩子最好能在母親三十歲前生育。而我的四個孩子出生時，我第一句話通常只問：「五官和四肢都齊全嗎？」畢竟我希望孩子身體健康就好。相當有趣的是，次女與三女都在臺中出生，產婆竟與當年接生我的同一人，真是奇妙的緣分啊！

　　而在養兒育女的過程中，儘管工作繁忙，也盡量與妻子一同分擔。為了「了解」如何幫小嬰兒洗澡，我還買了育兒書本來參考，例如要把嬰兒的頭部穩妥地扶著，讓嬰兒感到安心，接著洗乾淨後，用浴巾包好，再輕輕地擦乾身體……而餵孩子們吃飯時，也讓他們坐成一排，一個一口，一個一口，

慶生

就像在餵嗷嗷待哺的小鳥一樣，那為人父的溫馨感
受，至今依舊盈滿心中。

◉ 日本生活點滴在心

在我赴日留學之際，由妻子先帶四個孩子回東
勢老家暫住，待我安排妥當東京的住處後，才接妻
小赴日團聚。

妻兒搭日本航空班機從臺北飛到日本的那天，

正好遇到午後雷雨的惡劣天氣。飛機到羽田機場上空又立刻折回福岡，我著急得不得了，經過一番折騰好不容易安全降落後，看到妻小們都平安無事，兒子也安然地在太太懷裡睡著，眼淚都快掉出來了。回到租賃的小公寓雖已是半夜，還是趕緊拿出特地在冷水中冰鎮了一天的草莓給三個女兒吃。看著她們津津有味吃著草莓的可愛模樣，還有什麼比全家團圓更令人滿足的事呢！

在日本，妻子於臺灣同鄉李醫師的診所幫忙，貼補家用。平時工作、照顧孩子的事務已十分繁瑣，加上家裡又沒有洗衣機，衣物的洗滌全要靠妻子，尤其東京的冬天異常寒冷，只見她的雙手經常被凍得發紅，實在很不忍心，卻從未聽過她抱怨半句……

當時，我們一家六口就住在東京都練馬區附近租來的一間小公寓裡，兩間房間，大約九個塌塌米大小；而且也沒有浴室，沐浴需要到公共澡堂，一次費用約19～27日圓。

雖然租屋處離東京大學很遠，來回約四小時車程，但離孩子們就讀的小學只要五分鐘的路程。日

在東京的生活點滴

本人非常善待兒童，例如暑假時學校會舉辦「修業旅行」的校外活動，老師就會協助孩子們參加。另外，孩子們到商店買雞蛋時，老闆還會額外贈送一顆，以示對孩子幫忙家事的鼓勵。在日本的那段快樂童年，孩子們始終記憶猶新呢！

開枝散葉

　　承老天爺眷顧，四個孩子在成長過程中，除了平安地成長，更都懂得盡自己讀書的本份。要說我會干涉的只有，每天晚上十點就寢時間一到，我便熄燈，目的是希望他們養成良好的時間管理，不因熬夜讀書而影響健康。

　　而到了人生跑道的轉折點時，我更完全尊重他們的興趣和選擇，所幸，他們的事業與成就也都能對自己交代、對社會有貢獻。而且都能各自嫁娶優秀的另一半，並延續賴家血統開枝散葉，這已是我和妻子最大的安慰與榮幸。

◉ 長女

　　國立臺灣大學醫學院醫技學系畢業，赴美進修，獲美國加州大學舊金山分校（UCSF）碩士，德

州大學（UT）達拉斯分校醫學院博士，在美國亞利桑納州亞利桑納大學任教。育有一子一女。

大女婿，腎臟科醫師，國立臺灣大學醫學系畢業，赴美進修，獲加州大學舊金山分校（UCSF）博士，現任亞利桑納大學醫學院教授，教學和研究均有顯著成就。長子，美國史丹福大學（Stanford U.）畢業，在加州大學聖地牙哥分校（San Diego）醫學院進修，獲醫學博士，在加州大學舊金山分校（UCSF），做博士後研究，已婚。太太亦美國史丹福大學畢業，在加州大學舊金山分校（UCSF）醫學院進修，獲M.D.，在醫院工作。長女，美國哈佛大學藝術科畢業，德國藝術學院碩士，在美國紐約從事藝術創作。

● 次女

臺北第一女中畢業，國立陽明大學醫學系畢業，擔任眼科醫師，和陽明醫學系同班呂紹睿醫師結婚，育有三子。

二女婿呂醫師，任大林慈濟醫院關節中心主任

醫師，曾在日本福岡大學醫學院進修，獲醫學博士學位，並任教慈濟大學醫學院教授，在專科臨床及研究方面均有傑出表現。育有三子。長子，國立交通大學畢業，赴美進修，獲華盛頓大學碩士，在美國就職，已婚。太太是國立臺灣大學園藝系景觀設計課程學士，赴美賓州大學進修，獲賓州大學建築研究所碩士。次子，喜歡音樂，在日本進修音樂治療課程。三子，國立臺灣科技大學畢業後赴美紐約大學進修，獲數位教育學碩士。

◉ 三女

國立臺灣大學畢業，美國生物統計碩士，現任公職。夫婿任職國立臺灣大學，育有二女。

◉ 長子

美國科羅拉多州，Denver大學畢業，獲工業管理學碩士，已婚，妻任公職，育有一子一女。

我的祈願

　　與妻子結褵已逾六十多載，賢內泳雪女士，克盡相夫，養育子女內助之勞，讓我能夠在「農學人生」途徑精進，兒女也都能獲適度的教育，在社會上不同崗位上努力工作，實令我感佩萬分。

　　幾年前，因小中風引起類似失智症，一開始的確令人難以接受，加上不放心假手他人，便一肩負起照料之責。有時候牽著她的手，在臺大校園中緩緩散步，春風徐徐，也是執子之手，與子偕老的一種幸福呢！

　　如今，能夠在居住三十多年，充滿全家共同生活回憶的臺大學人宿舍，寫下我這農學人生的點點滴滴，已是感恩之至。如果要問我還有無心願，那唯一便是——祈願賢內泳雪女士餘生平安，闔家幸福美滿。

第十章

研究論文及著作

A. 期刊論文

B. 研討會論文

C. 專書、技術報告等

研究論文‧研討會‧專書（1963～2019年）

A、期刊論文

1. Kawata, S., K. Yamazaki, K. Ishihara, H. Shibayama and K. L. Lai. 1963. Studies on root system formation in rice plants in a paddy. Proc. Crop Sci. Soc. Japan. 32: 163-180.

2. Kawata, S. and K. L. Lai. 1965. On the meristematic state of the endodermis in the crown roots of rice plants. Proc. Crop Sci. Soc. Japan. 34: 210-216.

3. Kawata, S. and K. L. Lai. 1966. On the cell wall thickening of the endodermis in the crown roots of rice plants. Proc. Crop Sci. Soc. Japan. 34: 440-447.

4. Kawata, S. and K. L. Lai. 1967. On the differentiation of Casparian Dots of the endodermis in the crown roots of rice plants. Proc. Crop Sci. Soc. Japan. 36: 75-84.

5. 賴光隆. 1967. 關於水稻冠根內皮之研究. 東京大學博士論文.

6. Kawata, S. and K. L. Lai. 1968. The growth of rice roots and the differentiation of endodermis as affected by increasing transpiration rate. Proc. Crop Sci. Soc. Japan. 37: 624-630.

7. Kawata, S. and K. L. Lai. 1968. On the correlation between the endodermis differentiation and the water absorption in the crown roots of rice plants. Proc. Crop Sci. Soc. Japan. 37: 631-639.

8. 賴光隆. 呂宗佳1971.

水稻根生理，生態之研究—培養基組成分對分離根生育之影響.（附英文摘要）.臺大農學院研究報告12卷1號59-72頁.

9. 賴光隆. 呂宗佳1971.
水稻根生理，生態之研究—印度型水稻根之改良培養基與稻根之生育感應. 臺大農學院研究報告12卷1號73-94頁.

10. Lai, K. L. 1971. Morphogenetical studies on the callus originated from excised roots of rice plants – The induction and anatomical observation of callus formation. Memo, of Coll. of Agri. NTU, Vol. 12; No. 1, pp.95-105.

11. Lai, K. L. and D. J. Liu. 1971. Morphogenetical studies on the callus originated from excised roots of rice plants – Organ induction and successful rising of green plants. Memo, of Coll, of Agri. NTU, Vol. 12, No. 1, pp.106-112.

12. Lai, K. L and C. R. Hou. 1973. Physiological and ecological studies on the roots of rice plants - Further studies on the *in vitro* culture of excised rice roots. Proc. NTL. Sci. Council. No.4: 145-154.

13. Lai; K. L. and C. R. Hou. 1973. Physiological and ecological studies on the roots of rice plants – On the effects of nitrate and organic acids to the respiratory and growth rate of excised root. Mem. Coll. Agri. NTU. 14(2): 131-146.

14. Chang, H. H., Y. L. Ku and K. L. Lai. 1974. A study on the chilling resistance of rice seedlings I. On the chilling

resistance among varieties. J. Agr. Assoc. China. New Series. 86: 19-27.

15. Lai, K. L. and C. R. Hou. 1974. Physiological and ecological studies on the roots of rice plants – The significance of respiration rate of the different types of rice roots and its application. Mem. Coll. Ag. NTU. 15(2): 13-27.

16. Chang, H. H., Y. L. Ku and K. L. Lai. 1974. A study on the chilling resistance of rice seedlings II. On the physiological mechanism of chilling resistance and the effect of chemical treatment. J. Agr. Assoc. China. New Series. 87: 37-49.

17. Lai, K. L. and C. R. Hou. 1975. Effects of light on the cultured rice roots. Bot. Bull. Academia Sinica. 16: 45-54.

18. Lai, K. L. and Y. Z. Tsai. 1975. Studies on the morphogenesis of citronella grass (Cymbopogon Nardus Rendle Var. Maha pengiri) leaf I. Observation on the morphology and successive development of leaf. J. Agr. Assoc. China, New Series 91: 32-43.

19. Lai, K. L. and Y. Z. Tsai. 1975. Studies on the morphogenesis of citronella grass (Cymbopogon Nardus Rendle Var. Maha pengiri) leaf II. Effect of temperatures on development of citronella grass leaf. J. Agr. Assoc. New Series 92: 57-63.

20. Lai, K. L. and L. F. Liu. 1976. On the isolation and fusion of rice protoplasts. J. Agr. Assoc. New Series, 93: 10-29.

21. Lai, K. L. and Hou, C. R. 1976. Physiological and ecological

studies on the root of rice plants – On the diagnosis of rice roots activities among different type cultivars and its application. J. Agr. Assoc. New Series 95: 7-23.

22. Lai, K. L., C. Chu and H. H. Chang. 1977. A research of the effect temperature and nitrogen fertilizer on the yield and the contents of protein with a special reference to essential amino-acids in rice plants. Mem. Coll. Agr. NTU. 17(2): 41-52.

23. Lai, K. L. and L. F. Liu. 1978. Studies on the rice protoplasts – Ultrastructural changes during enzymatic isolation. J. Agr. Assoc. of China, New Series 102: 11-23.

24. Lai, K. L. and L. F. Liu. 1980. Studies on the rice protoplasts – Factors affecting the isolation and viability. Pro. N. S. C. 4(2): 183-188.

25. Lai, K. L. and L. F. Liu. 1981. Studies on the rice protoplasts – Growth response to medium components and cell wall regeneration during culture. Natl. Sci. Counc. Monthly ROC. 9(1): 23-36.

26. Lai, K. L. and Y. Z. Tsai. 1981. Studies on the morphogenesis of tiller of rice plants (*Oryza Sativa* L.). J. Agr. Assoc. China, New Series 115: 14-18.

27. Lai, K. L. and K. S. Tai. 1981. Physiological and ecological studies on the grain development of rice plant (*Oryza Sativa* L.) I. Observation on the growth process of spikelet and caryopsis. J. Agr. Assoc. China, New Series 115: 19-32.

28. Chang, H. H. and K. L Lai. 1981. Studies on the excessive moisture injury of soybean (*Glycine ma*x (L.) Merr.) I. Effect of excessive soil moisture on seed germination and seedling growth of soybean. Mem. Coll. Agr. Natl. Taiwan Univ. 21(2): 78-87.

29. Chang, H. H. and K. L. Lai. 1981. Studies on the excessive moisture injury of soybean (*Glycine max* (L.) Merr.) II. Effect of flooding on the growth and yield of soybean. Mem. Coll. Agr. Natl. Taiwan Univ. 21(2): 88-97.

30. Cheng, Y. K., C. S. Huang and K. L. Lai. 1981. Studies on cytoplasmic genetic male sterility in cultivated rice (Oryza sativa L.) IV. Histological-morphological investigation on male sterility of variety Reimei having *O. rufipogon* cytoplasm. Natl. Sci. Counc. Monthly, ROC. 9(12):1095-1111.

31. Cheng, Y. K., C. S. Huang and K. L. Lai. 1981. Studies on cytoplasmic genetic male sterility in cultivated rice (*Oryza sativa* L.) III. Histological on pollen sterility of variety Taichung 65 having O. rufipogon cytoplasm. J. Agr. Assoc. China, New Series 114: 15-37.

32. Liu, L. F. and K. L. Lai. 1982. A comparison of callus induction and plant regeneration from young embryos of different rice varieties. Natl. Sci. Counc., Monthly, ROC. 10(2): 135-143.

33. Lai, K. L. and L. F. Liu. 1982. Induction and plant

regeneration of callus from immature embryos of rice plants (*Oryza sativa* L.). Jap. J. of Crop Sci. 51(1): 70-74.

34. Cheng, V. K., C. S. Huang and K. L. Lai. 1982. Studies on cytoplasmic-genetic male sterility in cultivated rice (*Oryza sativa* L.) V. Comparison of another development in male sterile and male fertile by transmission and scanning electron microscopy. Natl. Sci. Counc. Monthly, ROC. 10(6): 512-534.

35. Lai, K. L. and Y. Z. Tsai. 1982. The anatomical relationship among the tiller bud and the other organs on stem of rice plants (*Oryza sativa* L.) J. Agr. Assoc. China, New Series 120: 22-31.

36. Lai, K. L. and Y. Z. Tsai. 1982. Studies on the tiller nomenclature of rice plants (*Oryza sativa* L.) and its application. J. Agr. Assoc. China, New Series 120: 32-41.

37. Cheng, Y. K., C. S. Huang and K. L. Lai. 1983. Studies on cytoplasmic-genetic male sterility in cultivated rice (*Oryza sativa* L.) VI. Anther cultures of cytoplasmic-genetic male sterile rice. Natl. Sci. Counc. Monthly, ROC. 11(6): 537-550.

38. Tai, K. S. and K. L. Lai. 1983. Mechanism of the developmental difference of Kernels in relation to the location on panicle of rice plant (*Oryza sativa* L.). Bull. Natl. Pingtung Inst. Agr. 24: 1-9.

39. Lai, K. L. and C. R. Hou. 1983. Root physiology of japonica

and indica (*Oryza sativa* L.) I. Growth features of excised root and embryo cultures. J. Agr. Assoc. China, New Series 124: 1-9.

40.   Hou, C. R. and K. L. Lai. 1983. Root physiology of japonica and indica (*Oryza sativa* L.) II. Nitrogen uptake and the enzyme activities of nitrogen metabolism. J. Agr. Assoc. China, New Series 124: 10-18.

41.   Lai; K. L. and C. R. Hou. 1983. The effects of root oxidizing ability on the leaf performance and mineral accumulation of rice plants (*Oryza sativa* L.). Proc. ROC-Federal Republic of Germany Seminar of Plant Nutrition and Soil Science pp.41-73.

42.   Liu, L. F. and K. L. Lai. 1984. Studies on the rice protoplasts – Effect of 2, 4-D on the protein and nucleic acid metabolism in rice leaf protoplasts. Mem. Coll. Agr. Natl. Taiwan Univ. 24(1): 19-25.

43.   Tai, K. S. and K. L. Lai. 1984. Effect of temperature during ripening on grain development and some agronomic and physiological characteristics of rice plant. Bull. Natl. Pingtung Inst. Agr. 25: 189-198.

44.   Lai, K. L., Tsai, Y. Z., Lai, T. L. and Liu, H. W. 1984. Studies on the root activities among different type of rice plants (*Oryza sativa* L.). Taiwan Agr. Res. Inst. (TARI) Special Rep. 16: 35-44.

45.   Tsai, Y. Z. and K. L. Lai. 1985. Differences of tiller

development among rice cultivars. Mem. Coll. Agr. Natl. Taiwan Univ. 25(1): 43-49.

46. Tsai, Y. Z. and K. L. Lai. 1985. Effects of temperature on the tiller development of rice plant (*Oryza sativa* L.). Mem. Coll. Agr. Natl. Taiwan Univ. 25(1): 54-64.

47. Tsai, Y. Z. and K. L. Lai. 1986. Effects of the direct sowing on the development of tiller in paddy rice (*Oryza sativa* L.). Mem. Coll. Agr. Natl. Taiwan Univ. 26(1): 81-93.

48. Lai, K. L. and L. F. Liu. 1986. Further studies on the variability of plant regeneration from young embryo callus cultures in rice plants (*Oryza sativa* L.). Jap. J. of Crop Sci. 55: 41-46.

49. Tsai, Y. Z. and K. L. Lai. 1986. Effects of seedling age on the growth and development of rice plant (*Oryza sativa* L.) under the different crop seasons. I. Studies on the effects of tiller development. Mem. Coll. Agr. Natl. Taiwan Univ. 26(2): 150-163.

50. Tsai, Y. Z. and K. L. Lai. 1987. Effects of seedling age on the growth and development of rice plant (*Oryza sativa* L.) under the different crop seasons. II. Studies on the effects of panicle formation and development. J. Agr. Assoc. China, New Series 138: 63-86.

51. Chan, L. F. and K. L. Lai. 1987. Influence of temperature and photoperiod in seedling stage of flowering of tobacco (*Nicotiana tabacum* L.). Mem. Coll. Agr. Natl. Taiwan Univ.

27(1): 133-145.

52. Lai, K. L. and C. Y. Wang. 1987. Effects of sowing rate and seedling age on the growth of rice plant (*Oryza sativa* L.). Mem. Coll. Agr. Natl. Taiwan Univ. 27(2): 112-129.

53. Lai, K. L. and L. F. Liu. 1988. Increased plant regeneration frequency from water-stressed rice tissue cultures. Jap. J. of Crop Sci. 57: 553-557.

54. Lai, K. L. 1988. Rice root culture. In cell and Tissue Culture in Field Crop Improvement. FFTC Book Series. 38: 67-69.

55. Liu, L. F., K. C. Wang and K. L. Lai. 1989. Rice protoplast culture and plant regeneration. J. Agr. Assoc. China, New Series 147: 1-9.

56. Chan, L. F. and K. L. Lai. 1989. The effects of temperature and photoperiods on the flower bud formation of tobacco (*Nicotiana tabacum* L.) plants. Mem. Coll. Agr. Natl. Taiwan Univ. 29(2): 16-22.

57. Liao, L. J., L. F. Liu and K. L. Lai. 1990. Somatic hybridization in the Genus *Nicotiana: N. sylvestris* and *N. tomentosiformis*. Mem. Coll. Agr. Natl. Taiwan Univ. 30(1): 73-82. 計畫編號：NSC-79-0409-B-002-57.

58. Liao, L. J., L. F. Liu and K. L. Lai. 1990. Studies on the interspecific protoplast fusion of Genus *Nicotiana*. J. Agr. Assoc. China, New Series 149: 17-31. 計畫編號：NSC-79-0409-B-002-57.

59. Chen, Y. H., L. F. Liu and K. L. Lai. 1990. Studies on

protoplast isolation from rice suspension cells. J. Agr. Assoc. China, New Series 149: 1-16.

60. Tsai, Y. Z. and K. L. Lai. 1990. Effect of diurnal temperature range on tillering of rice plants. Mem. Coll. Agr. Natl. Taiwan Univ. 30(1): 64-72.

61. Lai, K. L. and Y. Z. Tsai. 1990. Cultivation and processing of edible canna in subtropical Taiwan. Acta Hort. 275: 117-122.

62. Lee, C. Y., Y. Z. Tsai and K. L. Lai. 1991. The effects of iron deficiency on the growth and development of peanut plants in hydroponics. Chinese Agron. J. 1: 69-88.

63. Liu, L. F. and K. L. Lai. 1991 Enhancement of regeneration in rice tissue cultures by water and salt stress. YPS. Bajaj Ed. "Biotechnology in Agriculture and Forestry – Rice." Springer-Verlag Berlin-Heidelberg-New York-Tokyo. pp. 47-57.

64. Jan, C. H., K. L. Lai and L. F. Lai. 1991. Protoplast isolation and culture of napier-grass. Chinese Agron. J. 1: 265-276.

65. Lai, K. L., C. R. Hou and Y. Z. Tsai. 1991. Significance of physiological differentiation of root activities among rice plants (*Oryza sativa* L.) Eleesevier Sci. Pub. B. V. Plant roots and their environment B. L. McMichael and H. Persson. Eds, pp. 120-129.

66. Tai, K. S. and K. L. Lai. 1984. Effects of drainage on grain development, physiological characters and yield of rice

plant. Bull. Natl. Pingtung Polyt. Inst. 1: 91-98.

67. Wu, T. K. and K. L. Lai. 1993. On the electrofusion methods and culture of tobacco protoplasts. Chinese Agron. J. 3: 47-61. 計畫編號：NSC-79-0409-B-002-57.

68. Liao, L. J. and K. L. Lai. 1994. Fertility of somatic hybrids derived from protoplasts fusion between *Nicotiana Sylvestris* and *N. tomentosiformis*. Chinese Agron. 計畫編號：NSC-77-0409-B-002-042.

69. Lai, K. L. 1994. Technological problems related to paddy agriculture. Japan. J. Farm Management 31(4): 69-73.

70. Liao, L. J. and K. L. Lai. 1994. Chromosomal behavior of the somatic hybrids between *Nicotiana Sylvestris* and *N. tomentosiformis*. Chinese Agron. J. 4: 217-228. 計畫編號：NSC-78-0409-B-002-47.

71. Liao, L. J. and K. L. Lai. 1994. The growth characteristics of somatic hybrids between *Nicotiana Sylvestris* and *N. tomentosiformis*. Chinese Agron. J. 4: 59-74. 計畫編號：NSC-78-0409-B-002-47.

72. Hou, H. R. and K. L. Lai. 1994. Growth and development of rice roots I. Influence of chemical fertilizers on the α-naphtylamine oxidation and triphenyl tetrazolium chloride reduction. Chinese Agron. J. 4: 39-48.

73. Yong, K. C. and K. L. Lai. 1995. Studies on leaf protoplast isolation and culture of sweet potato (*Ipomoea batatas* (L.) Lam.) Chinese Agron. J. 5: 251-259. 計畫編號： NSC-81-

0409-B-002-22.

74. Lai, K. L., K. S. Tai and S. T. Lin. 1996. Physiloogical studies on the grain development of subtropical rice plant. (*Oryza sativa*). Proc. 2nd ACSC. In Press.

B.研討會論文

75. 賴光隆. 1973. 水稻分離根之成長與發育. 生物研究中心舉辦成長與分化專題研討會講稿集133-161頁.

76. Lai, K. L. 1979. Studies on the formation and activity of root system of paddy rice plants (*Oryza sativa* L.). In Proc. Symp. "The causes of low yield of the second crop rice in Taiwan and the measures for improvement" NSC Symp. Series No. 2: 77-84.

77. Liu, L. F. and K. L. Lai. 1982. Isolation and culture of rice protoplasts from suspended cells originated from young embryo. Proc. 5th Inti. Cong. Plant Tissue and Cell Culture pp. 581-581.

78. Lai, K. L. and L. F. Liu. 1982. Correlation between fine structure and viability of rice protoplasts. Proc. 5th Inti. Cong. Plant Tissue and Cell Culture pp. 603-604.

79. Lai, K. L. 1983. Agronomic practices and farm mechanization (In: Farm mechanization in Asia pp. 171-181. Tokyo, Japan).

80. Lai, K. L. and C. R. Hou. 1984. On the differentiation of physiological characteristics between Indica and Japonica

rice. Productivity and Yield Contraints of Rice in East Asia, Proceedings of International Crop Science Symposium. Fukuoka, Japan.

81. Lai, K. L. 1986. The differentiation of physiological characteristics between Indica and Japonica rice (*Oryza sativa* L.) and its improvement in Taiwan. Rep. Tokai Br. Crop. Sci. Soc. Japan 101: 73-75.

82. Tsai, Y. Z. and K. L. Lai. 1986. A comparative study on the ultrastructure of cultured protoplasts of tobacco and rice. Proc. 6th Intl. Cong. Plant Tissue and Cell Culture pp.170.

83. Lai, K. L. and L. F. Liu. 1986. High frequency plant regeneration in water and saltstressed rice cell cultures. Proc. 6th Intl. Cong. Plant Tissue and Cell Culture pp.186.

84. Liu, L. F. and K. L. Lai. 1986. Protein polypeptide changes during plant regeneration from water and saltstressed rice cell cultures. Proc. 6th Intl. Cong. Plant Tissue and Cell Culture pp.186.

85. Lai, K. L. 1987. Rice root culture. International Sem. On Cell and Tissue Culture in Field Crop Improvement. ASPAC Symposium. October 5-9. 1987. Tsukuba, Japan.

86. Lai, K. L. and L. F. Liu. 1987. High frequency plant regeneration in water and saltstressed rice cell and polypeptide changes during plant regeneration. Sino-Korean Plant Tissue Culture Symposium Nov. 18-22. 1987. Suweon, Korea.

87. Lai, K. L. and L. F. Liu. 1988. Fine structure of crop protoplasts. In the Workshop on application of EM in Agricultural, Biological and Medical Science – Part II. Agriculture. March 24-25, 1988, Taipei, Taiwan.

88. Lai, K. L. 1988. Significance of physiological differentiation of root activities among rice plants (Oryza sativa L.). International Symposium on Plant Root and Their Environment. August 21-28, 1988, Uppsala, Sweden.

89. Lai, K. L. and Y. Z. Tsai. 1989. Cultivation and Processing of edible canna (*Canna edulis* Ker.) ISHS International Symposium on the culture of subtropical and tropical fruits and crop. Nov. 6-10, 1989. Nelspruit, Rep. of South Africa.

90. Lai, K. L. and T. K. Wu. 1989. Studies on the electrofusion of tobacco protoplast. Symp. Agr. Assoc. China. Dec. 10, 1989. Chia-Yi, Taiwan.

91. Lai, K. L., L. J. Liao and L. F. Liu. 1990. Protoplast fusion of *Nicotiana sylvestris* and *N. tomentosiformis*. VII International Congress on Plant Tissue and Cell Culture. June 24-29, 1990. Amsterdam, Netherland.

92. Liu, L. F. and K. L. Lai 1990. Gene expression in rice cultured cells during stress treatment and plant regeneration. VII International Congress on Plant Tissue and Cell Culture. June 24-29, 1990. Amsterdam, Netherland.

93. Lai, K. L. and L. J. Liao. 1990. The characteristics of interspecific somatic hybrids between the *N. sylvestris* and

N. tomentosiformis. ROC/ROK Plant Biotechnology Symp. Nov. 19-27, 1990. Taipei, Taiwan, ROC. 計畫編號：NSC-79-0409-B-002-57.

94.　Lai, K. L., L. J. Liao and T. K. Wu. 1991. Studies on the protoplast fusion of Genus *Nicotiana*. Symposium on the Biological cell and tissue culture and its application. Feb. 22, 1991. Tainan, Taiwan. 計畫編號：NSC-79-0409-B-002-22.

95.　Lai, K. L. and S. P. Chao. 1991. Characteristics of sweet potato (*Ipomoea batatas* (L.) Lam.) leaf protoplast isolation and culture. VIII International protoplast Symp. June 16-20, 1991. Uppsala, Sweden.

96.　Jan, C. H., K. L. Lai and L. F. Liu. 1991. Protoplast fusion and culture between the rice and barnyard grass. Symp. Chinese Society Agronomy. Dec. 1991. Taiwan.

97.　Lai, K. L. and Y. C. Huang. 1992. Cytoplasmic male sterility (CMS) gene transfer to *Nicotiana tabacum* L. (cv. TT8) mediated by protoplast fusion. Molecular Crop. Agr. Pacific Rim Conferences. June 20-24, 1992. Davis. Univ. of California.

98.　Lai, K. L. and T. K. Wu. 1992. CMS expression of cybrid of Genus *Nicotiana*. Symp. Chinese Society Agronomy. Dec. 1992. Taiwan.

99.　Lai, K. L. and K. C. Yong. 1992. Further studies on leaf protoplast isolation and culture of sweet potato (*Ipomoea batatas* (L.) Lam.). Symp. Chinese Society Agronomy. Dec.

1992. Taiwan. 計畫編號：NSC-81-0409-B-002-22.

100. Tsai, Y. Z. and K. L. Lai. 1995. Studies on the difference of spikelet development among rice cultivars. Second Asian Crop Science Conference. August 21-23, 1995, Fukui, Japan.

C.專書、技術報告等

101. 賴光隆. 1968. 稻作與甘蔗農業—農業技術的另一面. 臺灣農業（下）. 齊藤一夫編. 亞細亞經濟研究所. 東京, 日本.

102. 賴光隆. 1976. 糧食生產的界限. 國立臺灣大學三十周年校慶專刊221-23頁. 臺北.

103. 賴光隆. 1979. 中正科技大辭典農科, 農藝作物分科. 臺北, 商務印書館.

104. 賴光隆. 1982. 作物栽培講義10講. 臺北, 中華函授學校.

105. 賴光隆. 1984. 水稻分離根R1, R2型改良培養基與稻根生理特性分化之研究. 科學農業32(5-6)：180-184.

106. 蔡養正, 賴光隆. 1987. 關於水稻分蘗的研究方向. 科學發展月刊15(2): 178-195.

107. 蔡養正, 賴光隆. 1987. 數種檸檬草生育特性及品種學名的鑑定. 科學農業35 (5-6): 163-197.

108. 賴光隆. 1993. 糧食作物. 黎明文化事業公司. 臺北. 臺灣.

109. 賴光隆. 1993. 特用作物. 黎明文化事業公司. 臺北. 臺灣.

110. 賴光隆.1994.水田農業の技術的課題にふれて. 農業經營研究所 NO 79. 31卷4號（通卷79號）コメント. 69-72. 東京. 日本.

111. 賴光隆.2014.磯永吉博士與蓬萊米.「臺灣歷史文化系列學術演講」.7-16.臺灣日本研究學會.臺北.臺灣.

112. 賴光隆.2016.遠離臺灣-磯永吉先生的晚年.米報文集2013~2015.248-251.磯永吉學會.臺北.臺灣.

113. 賴光隆.2019.臺灣農藝作物栽培上的研究.賴光隆博士論文集(上冊).磯永吉學會.臺北.臺灣.

114. 賴光隆.2019.臺灣農藝作物組織細胞培養之研究與應用.賴光隆博士論文集(下冊).磯永吉學會.臺北.臺灣.

後記與致謝

◆

　　「在田埂上思考的博士⋯⋯」一書，係敘述本人從大學農藝系畢業後，在農業相關基層工作多年，再負笈日本，在國立東京大學深造，獲頒農學博士後，返母系參與作育人才歷程故事。上梓之前，承國立臺灣大學農藝學系名譽教授蔡養正博士和女婿呂紹睿醫學博士提序推介，在此致最大謝忱。

　　文中有關和受業學生及和臺大農藝學系彭雲明教授，謝兆樞教授，胡凱康教授互動的珍貴文章多篇，係由國立臺灣大學磯永吉學會祕書長彭雲明教授提供，藉此一併致萬分謝忱。

　　本書編集及出版，承時報出版葉蘭芳企劃主任，林菁菁主編的協助規劃，二女麗卿醫師，在撰稿及促成上梓的幫助及助言很大，亦一併藉此致謝！

賴光隆　謹致2020年夏

People 446

在田埂上思考的博士——賴教授的農學人生

作　者－賴光隆
主　編－林菁菁
企劃主任－葉蘭芳
封面設計－楊珮琪、林采薇
內頁設計－李宜芝

董 事 長－趙政岷
出 版 者－時報文化出版企業股份有限公司
　　　　　108019台北市和平西路三段240號4樓
　　　　　發行專線－(02)2306-6842
　　　　　讀者服務專線－0800-231-705・(02)2304-7103
　　　　　讀者服務傳真－(02)2304-6858
　　　　　郵撥－19344724 時報文化出版公司
　　　　　信箱－10899臺北華江橋郵局第99信箱
時報悅讀網－http://www.readingtimes.com.tw
法律顧問－理律法律事務所 陳長文律師、李念祖律師
印　　　刷－勁達印刷股份有限公司
初版一刷－2020年6月19日
定　　　價－新臺幣300元
（缺頁或破損的書，請寄回更換）

時報文化出版公司成立於一九七五年，
並於一九九九年股票上櫃公開發行，於二〇〇八年脫離中時集團非屬旺中，
以「尊重智慧與創意的文化事業」為信念。

在田埂上思考的博士：賴教授的農學人生 / 賴光隆著 . -- 初
版 . -- 臺北市：時報文化, 2020.06
　　　面；　公分

ISBN 978-957-13-8205-0(平裝)

1. 賴光隆 2. 臺灣傳記

783.3886　　　　　　　　　　　　109006133

ISBN 978-957-13-8205-0
Printed in Taiwan